JN418827

복지(福祉)가 미래(未來)다

복지(福祉)가 미래(未來)다

초 판 1쇄 발행 | 2011년 7월 1일
지 은 이 | 유구현
펴 낸 이 | 김복순
펴 낸 곳 | 도서출판 높은오름
표지디자인 | NIMBUS
등록번호 | 제4-270호
등록일자 | 1994년 12월 19일
주 소 | 서울시 성동구 성수1가 2동 13-187
전 화 | 02-497-1322~5
팩 스 | 02-497-1326
홈페이지 | www.kidari.co.kr
전자우편 | kidarico@hanmail.net

ISBN 978-89-86228-53-3 (93330)

복지가 미래다

유구현 지음

도서출판 높은오름

| 머리글 |

지금 우리나라는 복지선진국으로 가기 위한 통과의례를 심하게 겪고 있다. 최근의 우리 사회 핫이슈는 누가 뭐래도 '복지'가 아니던가.

특히 지난 2010년 6월에 치러졌던 지방선거에서 아이들의 '무상급식' 문제가 뜨거운 선거쟁점이 되면서 당락에 결정적인 역할을 하였던 만큼 복지문제는 정부에서 일방적으로 시행하는 일방통행의 제도가 아니라 이제는 매우 중요한 생활의 문제가 되면서 성큼 국민들 가까이로 다가와 있다.

시쳇말로 앞으로 정치에 관심 있는 사람이라면 복지에 대한 공부를 하지 않고는 꿈도 꾸지 못할 것 같다면 나만의 생각일까 싶을 정도로 복지는 국민적 관심사가 되고 있다.

글로벌 금융 위기로부터 직격탄을 맞고는 양극화 현상이 더욱 심화되면서 서민들의 지갑은 한없이 얇아진대 반해 서민경제를 취락펴락하는 물가는 하늘 높은 줄 모르고 올라만 가고 있다. 명목소득은 인상은커녕 제자리걸음인데다 물가마저 천정부지로 치솟으니 실질소득은 반토막나면서 가계의 주름살을 더욱 깊게 패이게 한다.

상황이 이러하니 서민들은 더 이상 견딜 수 없다며 정부를 향해 물가 고통을 호소하기에 이르렀고, 급기야 빈곤층은 "빵을 달라"고 요구하고 있다. 더욱이 청년 실업난은 심각한 수준을 넘어 사회적 재앙이라고 불러도 무방할 듯 싶다. 대졸자만 매년 47만 명 쏟아져 나오는데 이들에게 제공될 일자리는 거의 없는 지경이어서 오죽하면 졸업을 미루기 위한 1년 휴학쯤은 필수가 되고 있겠는가. 또한 이제 막 은퇴 시기에 접어든 베이비붐 세대의 노후대책 역시 빨리 대책을 강구하지 않으면 큰 사회적 문제가 될 수 있다.

상황이 이러하니 최근의 복지논쟁은 당연하다. 논쟁은 문제 해결을 위한 노력이라는 점에서 환영할 일이다. 특히 논쟁은 정치권에서 뜨겁게 달아오르고 있는데, 표를 의식한 정치적인 행동이라는 의구심을 떨쳐버릴 수 없지만 그럼에도 정치권의 복지논쟁 역시 긍정적인 효과가 기대된다.

물론 성장통과도 같은 국민의 '복지욕구'를 정치권이 이용하면서 복지 논쟁을 가열시키는 측면이 없진 않다.

내년에 있을 총선과 대선을 앞두고 각 정당들은 이미 상당수준의 논의를 진행시키고 있다. 민주당이 '3+1' 즉 무상급식, 무상의료, 무상교육과 반값 등록금이라는 무상복지 시리즈를 내걸자, 한나라당은 중산층을 포함하는 소득하위 70%까지를 복지정책의 대상으로 삼고 각종 복지혜택을 확대하는 '소득 70%' 복지론으로 맞불을 놓고 있다. 지방자치단체들도 저마다 각양각색의 복지정책을 앞다투어 내놓으면서 복지논쟁을 한층 뜨겁고 복잡한 양상을 띠고 있다.

기존 정책을 놓고도 여야가 기싸움을 하고 있다. 특히 서울에서는 전면 무상급식 문제를 놓고 강행하는 시교육청과 이에 반대하며 주민투표를 청구하기 위한 서명을 받는 서울시가 대립하고 있어 빈축을 사고 있다.

이와 같은 복지논쟁의 가열은 복지욕구의 분출에 따른 자연스런 현상이라는 게 전문가들의 공통된 의견이다. 전문가들은 "국민소득이 높아질수록 삶의 질에 대한 욕구가 커지기 때문에 중산층까지도 복지수요를 원하게 된다"면서 "복지수요가 폭발적으로 증가하는 것은 다른 나라들도 경험한 자연스러운 현상으로 받아들이고 대책을 마련할 필요가 있다"고 말한다. 예를 들면, 시민권에 기반한 보편적 복지의 확대를 주장하는 사람들은 '무상복지'를 이야기한다. 그러나 무상복지란 애초부터 있을 수 없다. '무상의료' '무상교육'에 당장 내 주머닛돈이 들어가는 것이 아니라서 '무상'이란 의미에 방점이 찍힐지 몰라도 필요한 비용은 결국 국민들이 내는 세금으로 충당해야 하기 때문이다.

그러므로 복지논쟁의 핵심은 결국 재원(財源)문제에 귀결될 수밖에 없다. 보편적 복지가 맞느냐 아니냐를 이야기하는 것보다 무상복지를 실현하기 위한 구체적 방법 및 범위와 이를 위한 재원을 어떻게 조달할 것이냐를 갖고 토론해야 할 것이다. 즉 공허한 논쟁보다 구체적인 타협을 통한 합의에 기반한 정책이 만들어지는 것이 지금 필요한 것이다.

여기 복지에 관한 책 한 권을 세상에 내놓는다. 그동안 나는 우리의 미래는 복지가 모든 걸 좌우하는 시대가 될 것이라는 생각에서 복지에 대해 큰 관심을 가져왔다.

30여 년 동안 공직에 근무하면서 나는 국민들이 정작 가려워하는 곳이 어딘지를 생생하게 목격하였는바, 그것은 바로 사람이 사람답게 사는 사회를 만드는 것이라야 한다는 것을 알았다. 사람을 사람답게 살 수 있기란 바로 함께 더불어 사는 사회를 만드는 것 외에 다른 말이 아니라는 점에서 결국 복지적 접근이 매우 필요하다는 생각에 이르렀다.

그런데 우리의 복지 수준은 경제규모에 비해 열악한 것이 현실이다. 점차 그 범위가 확대되고 있기는 하지만 늘어나는 수요를 충족시킬 공급이 많이 부족하다.

그렇다면 어떻게 해야 할까. 이제부터 논의를 해서라도 하나하나 제대로 된 정책을 만들고 이를 실행해야 되지 않을까.

해서 난 틈틈이 복지에 관한 여러 가지 단상을 글로 적었는데, 주변의 강력한(?) 권유로 책으로 묶을 용기를 냈다.

이 책에서 나는 복지의 연원과 개념에서부터 복지논쟁의 쟁점, 선진국의 복지제도 등 복지에 관한 이야기를 알기 쉽게 풀어놓았다.

비록 이 책이 전문연구자들에게는 큰 의미가 없을 줄 모르나 복지 소비자인 국민이 복지에 대해 일반적인 상식 정도는 알고 있어야 복지정책이 제대로 효과를 발휘할 수 있다는 생각에서 일반인들에게는 유용한 복지상식책이 될 것이다.

끝으로 글을 쓰는데 물심양면으로 도움을 준 분들과 거친 글을 매끄럽게 책으로 엮어준 출판사 높은오름 식구들에게 감사드린다.

2011년 7월

저자 유국현

| 추천의 글 |

복지가 그 무엇보다도 뜨거운 사회적 이슈가 되고 있다. 사회복지를 공부하는 한 사람으로서 여간 반가운 일이 아니다. 사회복지는 생물과 같아서 고정된 틀로서 재단하기에는 한계가 있기 마련인데, 이렇게 백가쟁명식 논의가 활발히 진행된다는 것은 그 제도를 현실에 맞게 수정보완할 수 있게 해주기 때문이다.

그런 점에서 유구현씨의 「복지는 미래다」는 매우 값진 성과물이다. 좋은 제도를 만들기 위해서는 다양한 의견들이 개진되고, 그 개진된 의견들을 모아 합리적으로 조정하여 반영하여야 할 터인데, 유구현씨의 생각은 그런 고민을 하게 해주기 때문이다.

내가 유구현 선생님을 만나게 된 것은 외국인근로자와 다문화가족의 자녀들을 위한 국내초등학교를 설립하는 모임을 통해서 였다. 유 선생님을 만나면서 나는 그 분이 성품이 온순하고 따뜻한 사람인 것은 알았지만 복지문제에 그렇게 관심이 많을 줄을 미처 알지 못 하였다.

그런데 더욱 놀란 것은 공직생활 대부분을 공직자의 비위척결을 주요 임무로 하는 감사원에서 보냈음에도 불구하고, 언제 어떻게 복지에 대해 깊이 고민하시고 책을 쓰신 점이다.

소위 전문가인 내가 읽어본 이 책은 복지에 대한 단상들을 그때그때 소박하게 펼쳐 보이고 있어 전문서라기보단 복지에 대한 일반인들의 생각을 가장 현실감 있게 정리해 놓은 책이다. 애초 전문성을 추구하려고 의도하지 않았겠지만 그런 점에서 외려 전문가들이 귀담아들어야 할 보통사람들 생각이 고스란히 담겨 있어 값지게 느껴지는 것이다.

복지문제는 우리 사회가 해결해야할 시급한 현안으로서 정부와 민간이 서로 유기적으로 조화를 이뤄야 그 효과가 배가될 수 있는 전형적인 생활밀착형 과제다. 그래서 보통사람들이 어떤 생각을 갖고 있는지를 파악하는 것이 무엇보다 중요하다. 그런데 이 책은 이런 구실로도 맞춤하고 나아가 공직 생활을 통한 경험까지 녹아있어 쓰임새가 많을 듯 싶다. 더욱 이 책이 돋보이는 것은 이 책을 쓰기 위해 저자가 다리품 눈품을 팔며 자료를 찾고 뒤적이며 현장을 찾아다닌 흔적이 곳곳에 배어 있다는 점이다.

모쪼록 이 책이 복지에 관한 모든 것을 알려주는 백과사전은 아닐지라도 생활 속에서 만나는 우리 사회가 당면한 다양한 복지문제에 관한 내용들을 독자들에게 알려주는 상식백과로의 역할을 할 것을 기대해 본다.

2011년 7월

前 보건복지가족부 장관 김성이

| 추 천 의 글 |

사회복지시설을 운영하고 있는 저는 그 어느 때보다 요즘 무척 행복합니다. 제가 운영하는 복지시설에 후원금이 많이 들어와서도 아니고 자원봉사자들이 넘쳐나서도 아닙니다. 지금처럼만 복지에 관해 갑론을박 한다면 우리의 복지정책이 지금보다는 당연히 한발 앞설 것이고, 그렇게 되면 그만큼 사회 복지는 국민들을 위한 것이 될 것이니까요. 물론 조금 걱정은 됩니다. 너무 지나치면 아니 한만 못할 수도 있고, 자칫 말잔치에 그칠 수도 있기 때문입니다.

과학이 더 이상 발전할 수 없을 것처럼 문명이 번영을 거듭하는 21세기인 지금도 어디에선가는 굶주림과 전쟁, 질병 같은 일로 많은 사람들이 인간다운 삶은 포기해야 하는 안타까운 일이 일어나고 있습니다.

인간의 기본적인 삶의 조건도 준비되지 않은 상태에서 가난과 질병에 방치되어야 하는 사람들, 그들에게는 국가든 개인이든 누군가의 도움이 절실히 필요합니다. 바로 그런 곳에 복지가 감당해야 할 역할이 있습니다.

복지는 나와 내 가족 내 이웃과 모든 인간이 평등하고, 나눔과 사랑으로 행복한 생활을 영위할 수 있도록 하는 제도라고 생각합니다. 그래서 복지는 가난하고, 힘없고, 지위나 권리도 약한 약자의 편에서 실천하고 소외된 이웃에게 미래를 위한 소중한 씨앗 같은 존재가 아닐까요?

여기 유구현 학우의 「복지는 미래다」는 이런 우리의 소망에 불씨를 지필 수 있는 소중한 불쏘시개라고 생각합니다. 오랜 세월 공직자로 생활하면서 복지에 대해 틈틈이 메모하였던 자신의 생각을 정리한 이 책은 어찌 보면 복지 문제를 전문적으로 연구하는 전문가들에게는 큰 소용이 없을지 몰라도 보통사람들에게는 복지에 대한 상식을 넓혀줄 뿐만 아니라 복지를 어떻게 바라보아야 할지에 대해 다시 한번 생각하게 하는 소금 역할은 충분히 해내는 길잡이라고 여겨집니다.

이 책은 복지라는 큰 주제를 놓고 우리 생활과 밀접한 관련이 있는 소재들에 대해 에세이로 풀어냈는데, 읽다보면 저자의 혜안에 공감하게 됩니다. 부디 독자들도 일독하여서 우리 사회에 복지꽃이 만개하길 기대합니다.

2011년 여름

미오림복지재단 이사장 김우화

머리글 | 4

추천의 글 1 | 9

추천의 글 2 | 12

제1부_ 복지란 무엇인가

복지는 인간다운 삶이다! | 21

최대다수의 최대행복 | 28

복지국가란, 복지사회란 | 32

사회복지와 사회보장제도 | 37

세계 최초로 사회보험 도입한 비스마르크 | 42

베버리지 보고서 | 47

노르딕 모델 | 52

복지의 천국 스웨덴 | 57

프랑스 국가보조금 제도, 알로까시옹 | 62

시혜적 복지와 생산적 복지 | 67
성장이냐 분배냐, 그것이 문제로다 | 73
복지는 투자인가, 낭비인가 | 78
세금 더 내도 나는 복지가 좋다? | 83
노블레스 오블리제 | 89
복지사회가 공정사회다 | 95

제2부_ 복지는 실천이다

가장 좋은 복지정책은 일자리 창출이다 | 103
정치적 접근이 필요 없는 무상급식 문제 | 109
가뭄의 단비 같은 서민금융 | 114
아이는 국가가 키워야한다 | 119
복지전달시스템에 문제 있다 | 125
지방정부와 복지예산 | 130
두 마리 토끼 잡는 기업이 있다 | 135
노인장기요양보험 | 140
대학생 신용등급이 위험하다 | 145
엄마품 돌봄 서비스 | 150
바우처 제도 | 155

부자감세와 복지예산 | 160
금연 대책 복지 차원에서 추진하라 | 165
공공기관의 중증장애인 생산품 의무 구매 | 170
SSM과 구멍가게가 함께 사는 길 | 175

제3부_ 복지가 미래다

사회복지사, 그들은 누구인가 | 183
사회복지 담당자들에게 요구되는 보다 엄격한 도덕성 | 188
통일 이후 독일의 사회복지 정책 | 193
통장님은 복지도우미 | 198
식코, 결코 남의 일 같지 않다 | 203
4대 보험은 왜 의무여야 하는가 | 208
소설 '올리버 트위스트' | 213
지하철 공짜로 타는 노인에 대한 생각 | 218
빅이슈가 된 노숙자 잡지 〈빅이슈〉 | 224
노숙자 월드컵 | 229
야쿠르트 아줌마의 힘 | 234
인문학에서 희망 찾는 노숙자들 | 240
세금 더 내겠다는 미국 부자들 | 245
노후대비 못한 채 은퇴하는 베이비붐 세대 | 250

제 1 부
복지란 무엇인가

그동안 우리는 복지는 소비, 그것도 소모적 지출로 바라보았었다. 그래서 퍼주기만 할뿐 생산에는 전혀 기여하지 못하는 '지원'이었다. 그러나 복지는 투자이다. 투자한 만큼 사회안전망이 구축되고, 그 사회안전망은 도움이 필요한 국민들을 돕고, 나아가 생산적인 분야로 영향을 미친다.

복지는 인간다운 삶이다!

인간이 인간답게 산다는 것은 무슨 의미일까? 사실 이 명제에 대해 명쾌한 답을 하기란 쉽지 않다. '인간'이 누구인지 규명해야 하고, 이 규명에 따라 '인간다움'을 규정해야 하기 때문이다.

우리는 학창 시절 '인간'에 대해 배웠지만 무슨 말인지 정확하게 이해하지 못했음은 나만의 솔직한 고백이 아니리라. 그래서 이 꼭지의 글제목을 '인간다운 삶의 기준' 이라고 정하기까지 꽤 많은 시간을 두고 고민을 했었다. 그러나 내가 굳이 이 제목을 택해 한 말씀 언급하려는 것은 그 개념의 범주를 좁혀서 보면 가능할 것 같다는 생각에서다.

일단 서툴더라도 '인간'이 누구인지 하는 문제부터 말해보자. 여기서 생물학적 도덕적 의미의 인간에 대해서는 말하지 않겠다. 다만 상식적으로 정서적으로 접근해보자. 인간은 '우리들'이다. 말이 필요 없는 실물이다. 그런 우리들이 지니고 있는 '우리들다움'은 무엇일까. 아무래도 먹고 입고 사는 것 즉 의식주에 불편함을 느끼지 않으면서 자유롭게 생각하고 활동하는 것이 아닐까.

그렇다면 의식주에 불편함을 느끼지 않는다는 것은 누굴 기준으로 할 것인가. 좋은 걸 먹고 좋은 걸 입고 좋은 집에 살고 싶은 것이 인지상정이 아닌가. 하지만 뭔가를 제도적으로 만들어 이를 실행하려면 비빌 언덕이 필요하다. 그래서 현대국가에서는 최저생계비라는 것을 산출하여 그 최소한의 기준을 마련해놓고 있는 것이다.

최저생계비는 우리나라에 살고 있는 국민이라면 누구나 누려야 할 최소한의 건강하고 문화적인 삶을 영위하는데 필요한 비용을 말하는데, 이는 사회적 합의와 국가의 보장을 전제로 하는 최저 소득의 기준이다.

그런데 이 최소한의 삶조차 영위하기 버거운 계층이 우리 사회에는 많이 있는데, 이들에게 최소한의 인간적 삶을 누릴 수 있도록 하기 위해서는 어떻게 해야 하는가 하는 점이 문제로 대두된다.

바로 이 지점에 '복지'가 역할을 해야 한다. 그런데 복지는 이제 선택의 문제가 아니라 필수가 되고 있다.

그동안 우리의 복지에 대한 이해는 '없는 사람 도와주는 것'이 전부였다고 해도 틀리지 않다. 경제성장이라는 절박한 목표를 달성하기 위해 앞만 보고 달리다 보니 복지의 기본적인 개념조차 정립되지 않았던 것이다.

그 결과 우리나라는 경제규모가 세계 10위권을 유지하고 있으며, G20(선진 7개국 정상회담과 유럽연합 의장국, 신흥시장 12개국 등 세계 주요 20개국을 회원으로 하는 국제기구)과 OECD(경제협력개발기구)에서도 중요한 역할을 하고 있다.

그렇다면 아직 선진국이라고 할 수는 없더라도 시쳇말로 "살 만해졌다"는 얘기다. 물론 살 만해졌다고 해서 흥청망청 베짱이처럼 살아도 된다는 뜻은 아니다. 다만 이제부터는 '앞'뿐만 아니라 '옆' 으로도 '뒤' 로도 보면서 살아도 되지 않겠느냐는 것이다.

이 옆 또는 뒤를 보는 것에는 여러 가지가 있겠지만 무엇보다 사회구성원 모두가 인간적인 삶을 누리며 함께 더불어 사는 사회를 만드는 일에 관심을 가져야 하는 것이 아닐까 싶다.

함께 더불어 인간답게 사는 사회를 만들기 위해서는 우

선적으로 복지적 접근이 요구된다고 해도 지나친 말이 아닐 것이다.

그동안 우리의 복지 수준은 경제규모에 비해 상당히 뒤처지는 것으로 평가 받은 게 사실이다.

국내총생산 대비 복지지출비율이 OECD 회원국들의 평균인 20.6%에 비해 우리나라는 절반도 안 되는 8.3% 수준이다. 물론 이 수치가 우리나라의 복지수준을 모두 대변하는 것은 아니지만 그래도 소위 선진국들과 상당한 거리가 있음을 드러내는 우리의 복지현주소에 다름 아니리라.

더더욱 복지 차원의 대책이 시급히 요청되는 것은 경제성장의 그늘이랄 수 있는 소득의 양극화 현상이 심화되면서 빈곤과 소외계층이 늘고 있고, 아울러 아직 준비가 채 되지도 않았는데 이미 고령화 사회로 접어들고 있는 등 복지의 필요성은 상대적으로 커지고 있다.

이런 와중에 우리나라는 체계적이고 지속적인 여러 가지 복지정책을 추진하면서 선진국형 복지국가로 탈바꿈을 하려는 노력을 기울이고 있다.

그런 점에서 최근 들어 부쩍 '복지'라는 말이 사람들의 입에 회자되는 것은 반가운 일이 아닐 수 없다.

요즘 복지 논쟁은 정치인들이 주도하는 경향이 없진 않지만 다양한 목소리들이 오간다는 것만으로도 좋은 정책을 만들 수 있는 밑거름이 된다는 점에서 백가쟁명식의 논쟁은 환영할 만한 일이다.

다만 정치인들이 복지 논쟁을 주도함으로써 전문가들이나 정책입안자들이 배제될 수도 있다는 점에서 조금은 우려스럽긴 하다. 특히 다가오는 정치적인 빅 이벤트를 앞두고 여야는 정책 선점 효과를 극대화하려는 의도에서 벌써부터 다양한 정책들을 내놓으면서 논쟁이 불붙고 있어서 자칫 본말이 전도될지도 모른다는 우려도 없지 않다.

하지만 어떤 복지정책도 정치인들이 추진하여 국회에서 법으로 틀을 잡지 않는 이상 현실화하기 어렵다는 우리사회의 작동틀을 감안하면 정치인들이 주도하는 백가쟁명식 복지 논쟁은 외려 환영할 만한 일이다. 구더기 무서워 장 못 담그는 우를 범하지 않도록 하되 대신 구더기가 장을 망가뜨리지 않도록 세심한 관심을 기울일 필요가 있다.

그런데 이런 복지정책을 강력히 추진하는 데는 막대한 재정이 뒷받침되지 못 하면 아무리 좋은 정책도 공염불에 불과하다는 사실이다.

하지만 이 재정을 확충하기 위해서는 세수부담을 늘려야 한다는 또 다른 문제와 맞닥뜨린다. 이 문제는 세금을 조금

내고 모든 걸 내 스스로 해결할 것인가, 세금을 많이 내고 상당부분을 국가에 의존할 것인가, 하는 복지국가의 궁극적 지향점에 관한 것이기에 앞서 당장 소득에서 공제되는 세금의 비중이 커진다면 선뜻 동의할 수 있겠는가 하는 점이다.

그래서 보수진영에서는 선택적 복지를, 진보진영에서는 보편적 복지를 주장한다. 선택적 복지든 보편적 복지든 일단 복지라는 담론을 가지고 국민들과 얘기를 나누려는 점에서는 긍정적이다. 어느 것이 더 나은 제도이냐 하는 문제는 전문가들과 국민들의 이해관계에 의해 조정하여 결정하면 될 일이다.

다만 '전부' 아니면 '전무' 라는 식의 사생결단식 대결이 되어서는 안 된다. 그동안 우리는 지나친 대결로 국력을 많이 소모하는 제로섬 게임을 많이 보아왔다.

그런데 복지는 일회성 정책이 아니라 미래의 정책이라는 점에서 어렵더라도 하나하나 심도 있게 검토하고 국민적 합의를 거쳐 결정하는 지혜가 필요하다.

복지는 인간의 삶의 질을 최적화 하는 게 목표가 아닐까 싶다. 여기서 최적화라는 기준이 모호할 수도 있지만 지금 우리 사회가 누릴 수 있는 것만큼의 인간다운 생활을 보장하는 것이면 된다.

어차피 우리사회는 개인의 능력에 따라 자신의 삶의 질이 결정되지만 잘 살고 못 사는 것까지 국가가 개입해 도움을 주는 것은 지나치다는 생각을 하는 사람은 거의 없다. 그만큼 복지에 대한 국민적 사회적 이해는 잘 되어 있다.

그렇다면 복지라는 구슬은 잘 꿰면 국민들에게 인간다운 삶을 보장하는 미래의 보물이 될 가능성이 크다는 얘기가 아니겠는가.

최대다수의 최대행복

뜻은 모르더라도 '악화가 양화를 구축한다' 는 말처럼 우리의 기억 속에 강하게 각인된 말들이 있다. 아무래도 학창 시절 시험에 자주 출제되는 이유로 무조건 외웠던 탓이 크리라. '최대다수의 최대행복'도 나에게는 그런 범주의 말이다.

아, 그렇다. '최대다수의 최대행복'이란 말에 자연스레 따라서 떠오르는 것이 더 있다. 벤담과 공리주의. 벤담은 이 말을 했다는 사람이름이라는 것임은 알겠는데, 공리주의는 무슨 말인지 조금 헛갈린다.

나는 이 글을 쓰기 위해 자료를 뒤지기 전까지만 해도 공리주의는 '공공의 이익을 추구한다'는 의미로 해석하여 공자의 한자가 '함께 한다'는 공적인 의미를 지닌 '公'자가 들어간 '公利主義'인줄 알았다.

그런데 공리주의는 내가 생각하던 것과는 그 뜻이 조금 달랐다. '어떤 목적을 실현하는 데 쓸모 있는 성질' 또는 '이익만을 추구하는 성질' 의 의미를 지닌 공리성(功利性)을 가치 판단의 기준으로 삼는 사상이다. 그래서 한자로 쓰면 '功利主義' 가 된다. 영어로 쓰면 'utilitarianism'이 된다. 우리가 '유용성' 으로 기억하는 단어 'utility'가 어원이다.

그 의미를 좀 더 부연하면, 공리주의는 어떤 행동에 대한 옳고 그름의 기준이 그 행위가 인간의 이익과 행복을 늘리는 데 얼마나 기여하느냐 하는 유용성에 달려 있다는 사상이다. 그래서 사람들은 공리주의는 효용이나 행복과 같은 쾌락적 요소에 최대의 가치를 두는 사상이라고 말하기도 한다.

쾌락은 추구하고 고통은 피하려는 것이 인지상정이다. 따라서 이 공리주의 잣대에 의하면 인간의 쾌락을 늘리는 행위는 선한 행위이고, 고통을 늘리는 행위는 악한 행위가 된다. 그리고 사회의 행복을 최대로 하려면 당연히 많은 사람들이 가능한 많은 행복을 받을 수 있도록 하는 것이다.

그래서 공리주의의 목표는 '최대다수의 최대행복' (the greatest happiness of the greatest number)을 실현하는 것이다. 철학에서는 이처럼 쾌락으로 행위의 선악을 나누는 이러한 기준은 '공리의 원리'(Principle of utility)라고 부른다.

이 공리주의의 대표사상가는 앞에서도 언급했지만 영국의 철학자이자 법학자인 제러미 벤담(Jeremy Bentham, 1748~1832) 이다. 벤담은 1789년에 발표된 『도덕과 입법 원리의 서설(Introduction to the Principles of Morals and Legislation)』에서 공리주의 사상을 체계화하였는데, 쾌락의 양을 계량화할 수 있다는 입장을 견지했다. 반면 존 스튜어트 밀(John Stuart Mill, 1806~1873)은 쾌락의 질적인 면을 주장하였다.

그런데 이런 공리주의가 주목을 끄는 것은 쾌락과 행복 추구를 위해서는 개인의 이기심을 인정해야 하는 전제가 있는데, 이것으로 말미암아 경제적 자유주의가 발달할 수 있었다.

한편 존 스튜어트 밀은 벤담의 양적 공리주의에 대해 근본적인 수정을 가하였는데, 노동입법이나 단결권의 보호 등을 통해 그 방향을 제시하기도 했다. 이렇듯 공리주의는 복지에 대한 이론적 근거로 작용하였다. 내가 여기서 무리를 거듭하며 이 사상에 언급하는 것도 이런 이유에서다.

사회적 공리의 증대에 도움이 된다면 정부의 간섭과 분배를 위한 사회적 입법도 정당화된다는 의미에서 공리주의는 분배의 평등을 강조하는 복지 사상 발달에 큰 영향을 미쳤던 것이다.

어쩌면 우리는 그동안 국민총생산(GNP)을 늘리려는데 치중하는 식의 경제정책을 추구해왔는데, 이는 벤담식의 양적 '최대행복'을 위한 것이 아니었나 싶다.

하지만 그 결과는 어떠했는가. 파이를 키운 만큼 많은 사람들이 공리를 누리지는 못한 것 같다는 게 사람들의 현실적 인식이다. 그렇다면 이젠 어떤 정책을 추구해야 할까. 아마도 '최대다수'에 방점에 찍힌 정책이 요구된다고 할 수 있지 않을까.

이제 우리나라는 어느 정도의 양적 팽창을 이루었다. 무역은 세계 10위권, 반도체와 선박 생산 1위, 자동차 생산 세계 5위 등 우리의 경제규모를 비롯한 여러 가지 지표가 이를 입증해준다. 하지만 양적 성장에 따른 질적 성장은 여기에 미치지 못하는 게 현실이다.

따라서 인간적인 생활을 누리는 '최대다수'가 존재할 때 우리의 '최대행복' 또한 증가한다는 사실을 인식하고 이를 실천할 때다. 공리주의의 완성은 최대다수만이, 또 최대행복만이 아닌 최대다수와 최대행복이 함께 어우러질 때 완성된 형태가 되기 때문이다.

복지국가란, 복지사회란

복지(福祉)란 낱말이 어떤 낱말과 짝을 이뤄도 전혀 어색하지 않음은 따로 설명이 필요 없을 것 같다. 그만큼 복지가 우리 생활 깊숙한 곳에 들어와 자리하고 있다는 반증이다. 그럼에도 우리가 많이 쓰는 '복지국가'나 '복지사회'에 대한 명확한 정의를 기억하고 있는 사람 또한 드물다. 그냥 막연하게 복지라는 개념과 국가, 또는 사회라는 개념을 뭉뚱그려 그런 것쯤으로 지레짐작하기 일쑤다. 해서 '복지국가'와 '복지사회'의 개념에 대해 자세하게 살펴보는 것도 의미 있는 일이라 생각된다.

'복지'가 '행복을 누리며 사는 삶'으로 이해한다면 복지국가는 행복한 삶을 누릴 수 있는 국가이고, 복지사회는 행복한 삶을 누릴 수 있는 사회랄 수 있다. 그러나 복지국가와 복지사회에는 그런 단순한 의미만 담고 있지 않다.

우리가 살고 있는 국가는 자본주의를 기본 이념으로 삼고 있다. 즉 자본을 근본으로 하는 이념이다. 자본이 모든 가치에 우선한다고 보면 된다. 그런데 자본은 이윤 추구가 그 속성이다. 끊임없이 몸집을 불려나간다는 것. 그렇다면 누가 많이 늘리느냐 하는 문제가 생기게 마련인데, 우리는 이를 흔히 경쟁이란 말로 부른다. 따라서 자본주의는 경쟁을 원칙으로 한다고 해도 크게 틀리지 않을 것이다.

그런데 이 경쟁은 또 다른 문제를 야기한다. 개인의 능력 차이라든가, 자본력의 차이 등으로 인해 결과는 늘 앞서는 사람과 뒤처지는 사람이 있게 마련이다. 페달을 밟지 않으면 앞으로 나아갈 수 없는 자전거처럼 자본주의는 끊임없이 경쟁을 겨뤄 나가게 되고, 그 과정에서 능력 있는 자는 저 만치 앞서갈 테고, 능력이 없는 자는 처지다 못해 심각한 지경에 빠지게 된다. 소위 흔한 말로 계급이 생겨난다. 자본가 계급과 빈민계급 등으로 말이다. 그런데 경쟁이 심화되면 될수록 처지는 자의 숫자가 더 늘게 되고 소수의 이긴자가 갖고 있는 자산이 다수의 하층계급이 갖고 자산을 능가하게 되는 등 소위 소득의 양극화가 나타나게 된다.

이럴 때 자본주의 사회에서 경쟁에서 지면 도태될 수밖에 없다는 원리원칙을 적용하여 빈민층에 대해 나 몰라라 해도 된다는 생각을 하기 쉽다. 이론상으로 그럴 수 있을 것이다.

그러나 그런 사람도 다 한 나라의 국민이고 보면 잘사는 국민만 국민 대접을 해주고 못사는 국민은 국민 취급을 안 해도 된단 말인가 하는 강한 반대에 부닥친다. 모든 인간은 평등하고, 또 기본적인 인간적인 대접을 받을 권리가 있기 때문이다. 이건 우리가 교과서에서 배운 민주주의라는 논리가 자본주의와 결합하여 만들어낸 논리다.

어쨌든 상황이 이렇게 되면 국민의 세금으로 운영하는 국가가 어떤 일을 해야 할까 하는 국가의 역할론이 자연스레 대두된다. 그래서 이런 경제적 약자들에게 최소한의 기본적인 인간다운 삶을 영위할 수 있도록 적극 나서는 나라를 '복지국가'라고 할 수 있다. 흔한 말로 '평등'이란 말에 혹 그럼 사회주의 국가와 뭐가 다르냐고 할지도 모르겠다. 그러나 개인의 힘으로 할 수 없는 것을 국가가 나서서 해결해야 하는 것은 자본주의냐 사회주의냐 하는 문제의 범주를 넘어선다. 단순히 말해 당연히 해야 할 역할쯤으로 이해해야 한다. 국가의 운영비는 곧 국민의 세금으로 이루어지니까, 당연히 그 세금은 국민을 위해서 쓰여야 하기 때문이다.

그래서 일부에선 복지국가를 수정자본주의라고 부르기도

한다. 수정자본주의는 자본주의의 여러 모순을 국가가 적극 개입하여 해결하여 자본주의 발전을 도모하려는 주의인데, 자본주의에 사회주의적 요소를 가미했다고 하면 이해가 쉬울 것이다.

복지사회는 복지국가에서 국가의 역할을 사회가 대신 떠맡는다고 생각하면 된다. 사회라 함은 공공적 성격이 아닌 민간적 성격이 더 강한 것을 말한다. 그래서 세금으로 운영하는 국가의 역할이 세세한 곳까지 잘 미칠 수 없는 한계를 민간에서의 관심으로 이를 메워주게 되는데, 이런 사회를 복지사회라고 부른다.

복지사회의 복지 제공 주체는 시민단체나 민간시설, 기업과 같은 단체와 자원봉사, 기부 등에 참여하는 개인이다. 그런데 최근 들어서는 국가보다 민간 부분의 역할 분담이 더 커지고 있어 복지사회의 기능이 복지국가를 능가하기도 한다. 그래서 사람들은 복지국가와 복지사회를 같은 말로 오해하거나 혼용하기도 한다.

하지만 현대국가는 복지의 수준으로 그 나라의 수준을 판단하는 잣대로 사용하곤 한다.

영국의 저명한 사회연구가인 리처드 티트머스(Richard Titmus)는 한 나라의 복지수준을 판단하는 데에는 국가복지, 민간복지, 그리고 재정적 복지(소득세 감면, 부양가족에 대한 세액공제 등)를 종합적으로 고려해야 한다고 강조한 바 있는데, 이는 국가만이, 민간만이 따로 따로 놀아서는 안 되며 모두가 서로의 기본적 역할에 충실하며 유기적으로 상호보완 역할을 얼마나 잘 해내느냐에 복지국가 수준이 결정된다는 의미이다.

옛말에 가난 구제는 나라님도 못한다고 했는데, 물론 그 어려움을 상징적으로 드러낸 말이긴 하지만 이 말처럼 무책임한 말이 없다. 나라님이라면 당연히 백성들의 기본적인 삶을 책임져야 한다. 만약에 가장이 가정의 구성원인 가족들의 기본적인 삶을 책임지지 못한다면 어떻게 되겠는가. 사회도 마찬가지다.

그런 점에서 복지국가와 복지사회는 한 여성단체의 구호처럼 '따로 또 같이' 노는 이란성 쌍생아 같은 사이다. 문제는 국가구성이든 사회구성원이든 이 둘은 결국 같은 사람이며, 이들을 위해 국가와 사회가 존재하기 때문에 그들에 대한 무한책임을 갖는 건 당연하다. 앞에서 잠깐 수정자본주의니 사회주의니 하는 말을 하긴 했지만 개의치 않아도 된다. 중요한 건 우리 모두가 최소한 인간답게 사는 나라나 사회를 만들어야 하니까.

사회복지와 사회보장제도

사실 나 같은 세대에게는 '사회복지'라는 말보다 '사회보장제도'라는 낱말에 더 익숙해 있다. 사회복지와 사회보장제도가 얼핏 보아 다른 개념처럼 보이지만 한편으로는 구별하기 만만치 않은 비슷한 것으로도 보인다.

사회보장제도란 한 마디로 정의를 내리면 '사회에서 보장해주는 제도'이다. 그럼 뭘 보장해주는 것인가. 그건 아마도 '인간이 인간답게 살 수 있는데 필요한 것들'이 아닐까 싶다. 그렇다고 인간답게 사는데 필요한 모든 것을 보장해준다면 그건 사회주의 국가의 미래 이상향인 공산주의 사회에 다름 아니다.

그런데 우리 같은 자본주의 나라에서 채택하는 보장의 수준은 인간답게 생활하는데 있어서 가장 시급한 것 몇 가지로 제한된다.

우리가 살아가는데 있어서 필요로 하는 것의 가장 시급한 것은 의식주이다. 그런데 이 의식주를 영위하기 위해서는 돈이 필요하게 되는데, 이 돈은 자본가라면 자본의 증식을 통한 이자수입으로, 노동자라면 노동을 제공하고 받는 임금으로 충당하게 된다. 일반적으로 보면 결국 일할 능력을 말하고, 일할 수 있는 몸의 상태 즉 건강이 사회보장제도의 핵심이 아닐까 싶다. 그래서 사회보장제도에는 반드시 고용보험과 건강보험이 중요한 자리를 차지하고 있다.

'사회보장'이란 용어가 사용되기 시작한 것은 그리 오래된 일이 아니다. 알려진 바에 따르면 이 용어는 1935년에 제정된 미국의 사회보장법(Social Security Act)에서 비롯되었다고 한다.

당시 1차 세계대전이 막 끝난 직후의 세계는 여러 가지로 어려운 시기였다. 특히 미국은 왕성하게 생산해야 했던 전쟁물자 때문에 경제가 엄청난 규모로 팽창하다가 전쟁이 끝나면서 이 군수물자 소비가 급격히 줄어들게 된다. 이 후유증은 기업들에게 결정타가 되면서 주가는 심각하게 폭락했고 생산 활동 중단 사태가 빚어졌다. 결국 피해는 맨 마지막 단계인 노동자들이 회사에서 쫓겨나게 되어 생활고에 시달리

게 된다. 이 악순환은 미국의 경제학자 R. 넉시(Nurkse)가 『저개발국의 자본형성의 제문제』에서 처음 사용한 용어인 '빈곤의 악순환(vicious circle of poverty)'과 유사한 사이클을 그린다. 자본이 부족하면 기업의 생산이 줄고 생산이 줄면 노동이 줄고 노동이 줄면 임금이 줄고 임금이 줄면 저축이 줄고 저축이 줄면 투자금이 줄고 투자금이 줄면 기업의 자금이 줄고… 이런 식이다.

사실 공황 전의 미국은 군수물자 특수와 병행하여 생산 시스템의 획기적인 개선으로 번영을 구가했다. 헨리 포드가 1914년에 컨베이어 벨트를 이용한 자동 생산 시스템을 도입하여 전 세계 자동차의 반을 생산해낼 정도였으니 말이다.

어쨌든 이 결과가 우리가 익히 알고 있는 1929년의 경제대공황이다. 경제공황기를 겪는 미국인들은 정말로 지옥터널을 빠져나가는 기분이었을 것이다. 그래서 1930년에는 공적 구제를 요구하는 대규모의 기아대행진과 실업 반대를 외친 대시위가 일어난다.

이 일을 계기로 미국은 1933년에 유명한 뉴딜정책을 펼치는 등 안간힘을 쓰는 한편 1935년에 사회보장법을 제정하기에 이른 것이다.

사회보장제도의 명확한 개념을 무엇일까. 미국 프리들랜더

(W. Friendlander) 교수에 따르면 "사회보장제도는 질병, 실직, 가구주의 사망 노령 또는 사고로 인한 불구상태 등으로 인해 혼자 힘으로 해결할 수 없을 때 사회적 입법으로 보호해주는 제도"라고 정의를 내렸다. 위에서 말한 어렵게 된 이유를 '사회적 위험(social risks)'이라고 하는데, 이 사회적 위험으로부터 보호해야 한다는 의미다.

그럼 앞에서 말한 '사회복지'는 무슨 의미일까. 많은 학자들은 사회복지를 사회보장제도보다 상위개념으로 생각한다. 다시 말해 사회복지 속에 사회보장제도 등이 자리해 있다는 의미다.

사회복지는 사회적 사고로 인해 도움을 필요로 하는 사람에게 다양한 서비스를 제공하여 이들이 정상적인 생활을 영위할 수 있도록 지원하는 행위를 말한다. 사회보장제도가 소득이나 건강에 초점이 맞춰져 있다면 사회복지는 이것 말고도 요구되는 여러 문제, 즉 개인적 욕구들까지도 충족시켜주도록 지원하는 것이라고 보면 된다. 여기서 말하는 개인적 욕구는 사실상 당사자 개인이 알아서 해결하는 것이 원칙이지만 그렇지 못할 경우 주변 사람들이 나서야 하는 것들이 대상이다. 그래서 이 욕구를 '사회적 욕구(social needs)'라고 부른다.

여기서 다시 한번 프리들랜드 교수의 정의를 빌려 사회복지가 무엇인지 살펴보자.

"사회복지는 국민의 복지증진과 사회질서를 유지하기 위해 국민에게 기본적으로 생기는 사회적 욕구를 충족시키는 데 필요한 여러 가지 혜택을 제공해주는 법과 프로그램, 물질적 지원과 서비스의 종합적인 체계이다."

우리나라도 1995년에 제정된 '사회보장기본법'에 따라 모든 국민이 인간다운 생활을 할 수 있도록 최저생활을 보장하고 국민 개개인이 생활의 수준을 향상시킬 수 있도록 제도와 여건을 조성하여, 그 시행에 있어 형평과 효율의 조화를 기함으로써 복지사회를 지향하고 있다.

어쨌든 이제 국가는 국민들이 기본적인 생활이 영위할 수 있도록 갖가지 제도적 법적 장치를 마련하여 시행하고 있다. 물론 성에 차느냐 안 차느냐 하는 질적 논쟁이 있는 것 또한 현실이다. 그러나 한 단계 한 단계 또 사회 구석구석 법과 제도의 손길이 미치도록 노력한다면 지금보다는 훨씬 나은 제도와 법이 만들어지고, 또 거기에 따라 도움이 필요한 사람들에게 골고루 혜택이 돌아가게 될 것이다.

세계 최초로 사회보험 도입한 비스마르크

"빈 조약에 따른 프로이센의 국경선은 국가가 건전하게 생존하기에는 부적절합니다. 이 시대의 큰 문제들은 말로 해결할 수 없고, 다수결로 결정할 수도 없습니다. 철과 피로만 해결이 가능합니다."

1862년 9월 30일 프로이센 의회 예산심의위원회 연단에 선 비스마르크(Otto Eduard Leopold von Bismarck, 1815~1898)가 한 연설의 일부이다. 독일 통일은 협상이 아니라 힘의 논리인 "철과 피로만 해결이 가능하다"고 주창하여 비스마르크에 대한 우리의 연상이미지인 '철혈재상(鐵血宰相)'을 만들어준 바로 그 문제의 연설이다. 우리가 알고있는 비스마르크는 여기까지는 냉혈인간이 아닌가 싶다.

그런데 그런 비스마르크가 오늘날 사회복지 분야에서 기

세계 최초로 사회보험을 도입한 독일의 철혈재상 비스마르크.

본 중의 기본으로 꼽는 사회보장보험을 세계 최초로 도입했던 장본인이었다는 사실이 냉혈한의 독재자 이미지와는 사뭇 달라 생경스럽기까지 하다.

19세기 초 독일은 영국이나 프랑스 보다 산업화가 더뎠고, 정치적으로도 분열과 봉건의 굴레에서 벗어나지 못하고 있었다. 1815년에 있었던 빈 회의의 결과 독일 땅에는 35개의 공국과 4개의 자유시로 구성된 소위 '독일연방'이 만들어졌지만 실질적인 것이 없는 허울에 불과했다.

이런 상황에서 형 빌헬름 4세를 이어 왕위에 오른 빌헬름 1세가 탐탁지 않았지만 등 떠밀려 비스마르크를 수상 겸 외무장관에 발탁하는데, 이때 비스마르크는 물을 만난 물고기마냥 수완을 발휘해 1871년 마침내 독일제국을 탄생시키면서 분열된 독일의 통일을 이루어낸다. 그리고 그는 제국의 재상이 된다.

그러나 통일은 모든 사회적 문제점을 일시에 해결해주는 것은 아니었다. 신흥 부르주아지의 거센 도전을 물리치고 정치적 승리를 이루어냈지만 지배계급은 제국 내에서 또 다른 도전에 직면했다. 노동자계급과 사회주의자들의 세력 확대와 정치적 진출이 그것이다.

이때 비스마르크는 독일제국에는 영토 통일에 이어 실질적인 통일인 민족 내부의 통일을 이루어야 비로소 독일통일이 완성된다는 생각을 하게 된다. 즉 사회적 갈등을 치유하고 함께 더불어 사는 사회통합이 필요했던 것이다. 해서 비스마르크는 사회통합을 위한 당근과 채찍 정책을 시행한다.

비스마르크는 우선 채찍부터 든다. 1878년에 사회주의자들에 대한 직접적인 탄압책인 '사회주의자진압법'을 입법하여 사회주의 운동을 하지 못하도록 사회주의자들의 손발을 묶는다.

그리고는 곧바로 당근책을 내놓는다. 사회주의 운동에 참여하지 않는 노동자들에게는 국가가 여러 가지 복지 지원을 한다는 것이었다.

이리하여 탄생한 것이 바로 사회보험제도의 도입이다. 의료보험은 1883년에, 산업재해보험은 1884년에, 노령연금보험은 1889년에 각각 도입한다. 그리고 이 세 보험은 1911년 제국보험법에 의해 통합된다.

그러자 노동자들은 즉각 반발했다. 비스마르크의 당근책이 정말 독일 노동자를 위한 것인가 하는 진정성이 의심받

았기 때문이다. 앞에서도 말했지만 노동자들의 정치적 진출과 과격화를 막기 위한 유인책으로 실시된 것이 아니던가.

또 노동자들은 당시 노동자들의 임금이 보험료를 낼 정도로 여유가 없고, 노동자들의 생계 불안정은 자본가의 이익에 복무할 수밖에 없는 자본주의의 모순 때문이기에 노동자가 보험료를 부담하는 사회보험은 의미가 없다는 것이었다.

자본가들 역시 이 제도에 호의적인 것은 아니었다. 사회보험은 국가주의적 사회제도라는 점에서 사회주의적 발상으로 간주되었기 때문이다.

하지만 출발은 동기의 순수성을 의심 받았다 할지라도 결과는 오늘날의 사회보장제도의 기틀을 마련하는데 결정적인 기여를 한 것이다. 오늘날의 독일은 이때 도입한 사회보장제도 기틀을 그대로 이어오고 있을 뿐만 아니라 다른 나라에도 막대한 영향을 미쳤다.

영국의 경우 1906년에 로이드 조지(Lloyd George) 재무장관이 직접 독일을 방문하여 실태를 보고 의료보험제도를 도입하였고 아울러 윈스턴 처칠(Winston Churchill) 무역장관은 실업보험을 도입한다.

또한 프랑스나 네덜란드 같은 유럽 나라는 물론이거니와 아시아에서 일본이 1920년대에, 우리나라가 1977년에 의료보험제도를 도입했다.

1840년대만 하더라도 독일은 박애주의나 공적 구호 차원에서 구빈활동이 이루어졌을 만큼 개인적 차원에 머물렀었다. 하지만 국민들이 살아가면서 산업재해나, 실업, 질병, 정년퇴직과 같은 사회적 문제로 인해 발생하는 문제는 사회가 책임을 져야 한다는 인식이 확대되면서 사회보장제도는 특정한 계층이나 사람만을 대상으로 하는 것이 아니라 국민이면 누구나 보장을 받을 수 있는 보편적 복지형태로 진화해 나간다. 이런 인식의 바탕에는 독일의 앞서간 사회보장보험의 도입이 한몫했음은 말할 필요가 없으리라.

베버리지 보고서

"요람에서 무덤까지(from the cradle to the grave)"

아마도 이 말을 모르는 사람은 없을 것이다. 태어나면서부터 죽을 때까지 모든 국민의 최저생활을 국가가 책임을 진다는 의미로, 2차 세계대전 후 영국 노동당이 사회보장제도의 완벽한 실시를 주장하여 내세운 슬로건이다. 세계 모든 나라의 로망인 이 슬로건은 복지국가를 상징하는 아이콘이기도 했다.

그런데 오늘날 영국에서 이 "요람에서 무덤까지"의 광범위한 사회보장제도가 정착되기에는 '베버리지 보고서'(Beveridge Report)가 결정적인 구실을 하였음은 익히 아는 사실이다.

베버리지 보고서는 1941년 6월 영국 전시내각이 창설한

'사회보험 및 관련 서비스에 관한 위원회'가 작성하여 1942년에 제출한 보고서이다. 정식명칭은 '사회보험과 관련사업(Social Insurance and Allied Services)'이다. 당시 위원장인 W. H. 베버리지의 이름을 따서 그냥 '베버리지 보고서'라고 부르기도 한다.

윌리엄 베버리지(William Henry Beveridge, 1879년~1963년)는 경제학자였는데, 토인비 홀의 부관장이 되면서부터 평생 실업문제를 연구하였다고 한다.

당시 영국은 2차 세계대전으로 인해 몹시 암울하던 때였으므로 국민들의 삶이 팍팍했음은 말할 것도 없다. 이런 상황에서 윈스턴 처칠(Winston Churchill, 1874년~1965년)의 보수당을 꺾고 정권을 잡은 클레멘트 애틀리(Clement Richard Attlee, 1883년~1967년)의 노동당은 전쟁이 끝난 후 병사들과 시민들의 피폐해진 삶을 추스르고 사기를 앙양할 목적의 국가재건 프로그램이 절실했었다.

해서 노동당 정부는 1942년에 발간된 '베버리지 보고서'에 관심을 갖고 이를 실행에 옮기기로 했다.

이 보고서는 1941년에 런던경제학교(LES) 학장을 그만두고 노동당에서 촉탁으로 있던 실업보험 전문가인 베버리지를 위원장으로 하여 창설한 '베버리지 위원회'(사회보험 관련 서비스를 위한 위원회)가 내놓은 결과물이다.

베버리지 보고서의 핵심은 사회보장의 목적을 5대 사회악-궁핍, 질병, 나태, 무지, 불결-을 척결하는데 두었다. 애초 이 보고서는 기존의 모든 사회복지제도를 다루려고 했으나 전후 재건 계획의 청사진으로 구상되면서 그 범위가 다소 한정됐다. 최저생계비 수준의 가족수당, 보편적인 국민보건 서비스, 완전고용 유지, 모든 사회적 위험을 포괄하는 보편적인 갹출제 사회보험제도 등이 그 주된 내용으로 구성된다.

이 보고서는 사회보장의 6대 원칙과 6개 대상자 층, 8개 욕구원인을 제시한다. 6대 기본원칙은 △충분한 급여 △정액급여 △정액 갹출 △행정책임의 통합 △포괄성 △분류화 등인데, 여기서 인구 층을 △피고용자 △자영인 △전업주부 △기타 노동인구 △취업 전 청소년 △노동 불능 고령자 등 6개 층으로 나눴다. 또 8개 욕구원인은 △실업 △장애 △생계수단 상실 △퇴직 △기혼여성의 욕구 △장례비용 △유아 △질병 장애 등이다.

이런 베버리지 보고서의 핵심 이념은 '보편주의'이다. 우리나라에서도 최근 보편적 복지냐, 선택적 복지냐를 두고 뜨겁게 논쟁을 벌이고 있는 바로 그 문제인데, 베버리지 보고서는 남녀노소, 빈부를 가리지 않고 모든 시민에게 동일한 급여를 제공한다는 평등주의다.

그런데 이 보고서가 나왔을 때에는 당시 사회적 분위기가 북아프리카 사막전쟁의 전환점이 된 앨러마인 전투에서 영국이 승리한 직후였던 터여서 국민들은 이 보고서에 열광했다. 전후 새로운 사회질서를 위한 청사진으로 받아들여졌던 것이다.

하지만 찬성하는 좌파와 달리 우파는 반대했다. 재산이 있는 사람에게까지 지원하는 것은 낭비라는 것이 이유였다. 2010년에 이같은 논쟁은 우리나라에서도 일어난 바 있다.

특히 당시 수상이었던 윈스턴 처칠이 입법을 반대하고 나섰는데, 그 이유는 △전쟁이 끝난 후의 정부의 일을 전시내각이 약속한다는 것이 부적절하고 △전쟁이 끝난 후의 불투명한 재정상태 등이었다. 그러면서 처칠은 입법조치 업무를 담당한 준비위원회를 제안했는데, 이는 정부의 조속한 입장 표명을 요구하는 시민들의 압력을 지연시키자는 정치적인 술수라는 비판이 거셌다.

이후 1944년에 베버리지가 자유당 후보로 하원의원 선거에 나가 당선되면서 탄력을 받기 시작하여 본격적인 입법화 작업이 진행되었고, 급기야 1945년 총선에서 노동당이 압승

하면서 입법은 시간문제가 되었다. 이리하여 1946년 7월에 국민보험 및 산업재해보험법이, 11월에 국민보건서비스법이, 1948년 5월에 국민부조법이 통과되어 공표되기에 이른다.

이렇게 베버리지 보고서는 오늘날의 사회보장제도의 기초를 확실하게 다진 교두보로서 그 기능과 역할을 충실히 해내고 있다.

노르딕 모델

'노르딕(Nordic)'은 알파인(Alpine)처럼 우리에게 겨울스포츠의 꽃인 스키 종목의 하나로 더 잘 알려져 있다. 하지만 노르딕이 가진 의미는 그것만이 아니다. 영어 사전에서 찾아보면 노르딕의 의미는 '북유럽 사람' 또는 '스칸디나비아 사람'으로 나와 있다. 지리적으로 북유럽이라 함은 스웨덴, 핀란드, 덴마크 등 유럽의 북쪽을 지칭한다.

그런데 복지 분야에서도 노르딕은 일반명사로 통할 만큼 인구의 입에 많이 회자되는 용어이다.

알다시피 북유럽 국가들은 '성장과 복지'라는 두 마리 토끼를 동시에 잡은 경우여서 전 세계 나라들의 부러움을 사고 있다. 이른바 노르딕 모델을 정착시켜 조금 과장하면 소위 '복지천국'을 건설한 것이다.

노르딕 모델의 가장 핵심은 '집단적인 위험 공유'(Collective risk sharing)라고 전문가들은 입을 모은다. 개인(국민)에게 닥친 위험 요소를 개인 혼자서 극복하는 것이 아니라 그 개인이 속한 집단(사회나 국가)이 함께 위험을 공유하고 극복하도록 한다는 것이다. 개인의 문제라 할지라도 국가와 사회가 책임지는, 이를 테면 복지적 접근으로 해결한다는 의미이다.

2010년 11월 5일 당시 김황식 국무총리가 국회에서 했던 "노인부양을 국가와 사회의 책임으로 돌리는 것이 우리나라의 품격, 우리 전통이나 국가 장래를 위해 옳은지 사회적으로 검토해야 한다"는 말과는 사뭇 다른 접근이다.

이른바 노르딕 모델의 정신인 '보편적 복지'와 김황식 총리의 관점인 '선택적 복지'에서 어느 것이 더 나으냐 하는 논쟁은 나중에 따로 살펴볼 기회가 있기에 여기서는 굳이 개입할 생각은 없다. 하지만 노르딕 모델이 어떻게 운용되는지에 대해서는 한번 들여다보는 것도 의미가 있으리라 생각된다.

앞에서도 잠깐 언급했지만 웬만한 것은 모두 국가나 사회가 책임지려면 가장 필요한 것은 재원문제다. 즉 어떻게 필요한 돈을 마련하느냐이다. 노르딕 나라들과 감히 비교조차 할 수 없을 만큼의 복지정책을 실시하는 우리의 경우만 하더라도 정치인들이 앵무새처럼 되뇌는 것이 바로 재원 문제

공원에서 체스게임을 즐기는 노인들.

아니던가. 결국은 세금으로 충당해야 하는데 그게 쉬운가.

그러나 '복지천국'을 구가하는 북유럽국가들이 이런 복지 정책을 수행하는데 필요한 재원을 우리처럼 국민의 세금으로 마련하는데, 문제의 답은 바로 국민 각자의 세부담율이 상상을 초월하는 데서 찾을 수 있다.

북유럽 국가들의 국민부담율이 무려 50%에 가깝다고 한다. 그래서 이들 나라 국민들을 여왕벌을 위해 일만하는 '일벌'에 비유하기도 한다. 기획재정부의 발표에 따르면 2010년 우리의 조세부담율을 19.3%정도인데, 여기에다 국민연금 등 사회보장기금을 포함한 국민부담율이 25% 정도 된다고 하니 딱 절반이다. 그런데도 우리들은 세부담이 크다며 "세금폭탄을 맞았다"고 푸념을 했다.

어쨌든 노르딕 모델은 이런 엄청난 국민부담율을 기반으로 하여 이루어진다. 즉 이 모델은 세금에 의한 공공서비스 제공을 강조하는 포괄적 복지국가이고, 노동시장이나 상품시장에서 규제가 여느 나라에 비해 덜하고, 또한 소득불평등도 낮은 것이 특징이다. 특히 아동보호와 조기교육에 대한 투자가 많다. 현금 또는 서비스 제공을 통한 가족정책에 GDP의 3~4%를 투자할 정도다.

그러나 이런 노르딕 모델이 모든 국가가 따라야 할 복지정책의 전범은 아니다. 이 모델이 지금 약간의 위기를 맞고 있다고 할 수 있기 때문이다.

전통적으로 분배 쪽에 더 무게가 실린 좌파가 정권을 잡아오던 스웨덴에서 2006년에 실시된 선거에서 중도우파 후보가 당선되었던 것이다.

스웨덴 국민들은 왜 좌파에 등을 돌리고 우파정부를 선택했을까. 많은 전문가들이 복지정책 자체에 대한 반대라기보다 좌파지도자들에 대한 염증을 느낀 선택이란 분석이 있는가 하면, 복지에 안주하다 든 멍을 치유하기 위한 변화의 바람을 기대한 선택이었다는 주장도 설득력을 얻었었다.

하지만 보다 근본적인 도전은 이들 나라도 우리나라가 겪는 문제 때문으로 보인다. 낮은 출산율과 노인인구의 증가가 바로 그 문제다. 출산율이 낮다는 것은 향후 생산에 종사할 노동인구가 적어진다는 의미이고, 노인인구가 증가한다는 것은 복지 혜택으로 삶을 영위하는 인구가 늘어난다는 것을 의미한다. 이들 두 요소의 가장 합리적 결합은 노동인구가 많아지고 노인인구가 적어진다면 국민부담율이 적어질 수 있다. 그게 어렵다면 노동인구만이라도 늘어나면 노인인구가 늘더라도 국민부담율이 그래도 견딜 만할 것이다. 하지만 노동인구가 적어지고 노인인구가 많아진다는 가장 나쁜 방향으로의 전개가 현실화되고 있다.

어쨌든 노르딕 모델은 지금까지는 성장과 복지를 동시에 잡으면서 복지국가의 한 전범으로 기능하고 있다. 그렇다면 이런 도전요소 또한 슬기롭게 극복할 수 있는 묘안이 나오지 않을까.

복지의 천국 스웨덴

1928년 1월 스웨덴 사회민주당 의장인 페르 알빈 한손(Per Albin Hansson, 1932~1946년 총리 재임)이 국회에서 연설했다. 자못 비장함이 묻어있는 이 연설의 제목은 '국민의 집(Folkhemmet)'이었다.

"훌륭한 집에서는 누구든 특권 의식을 느끼지 않으며 누구도 소외되지 않습니다. 독식하는 사람도 없고 천대받는 아이도 없습니다. 다른 형제를 얕보지 않으며 그를 밟고 이득을 취하지 않습니다. 약한 형제를 무시하거나 억압하지 않습니다. 이런 좋은 집에서는 모든 구성원이 동등하고, 서로 배려하며, 협력 속에서 함께 일합니다. 그러나 오늘의 스웨덴은 좋은 집이 못 됩니다. 계급적 격차가 심화되고 있으며, 국가 경제는 소수 특권층에 좌우됩니다. 스웨덴 사회는

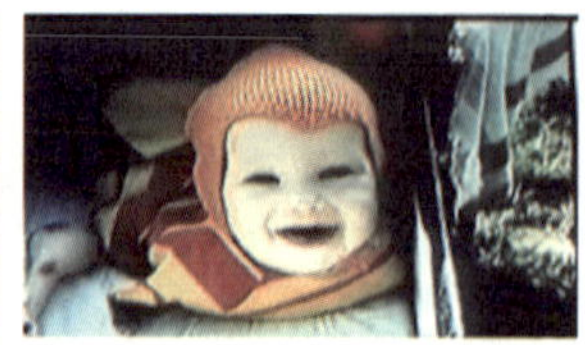

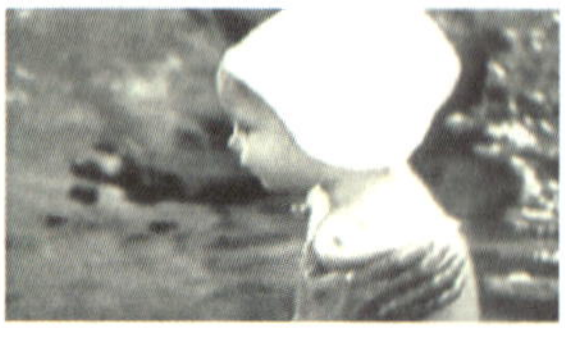

두 팔과 다리에 장애를 가지고 태어났지만 88서울장애자올림픽에서 수영금메달 획득한 레나마리아(스웨덴). 그녀는 현재 천상의 목소리를 가지고 많은 사람들에게 노래를 통해 위로와 감동을 전해주고 있다(오륜교회 제공).

사회 구성원 간의 진정한 평등을 요구받고 있습니다. 이런 사회적 격차를 해소하고 좋은 '국민의 집'을 건설하기 위해 사회적 돌봄 정책과 경제적 균등 정책이 요구됩니다. 민주주의는 모든 사회·경제적 측면에서도 이뤄져야 합니다."

(신필균의 『복지국가 스웨덴-국민의 집으로 가는 길』에서 인용하였음.)

이 연설은 몇 년 전 영국 일간지 〈가디언〉이 지구 역사상 가장 성공적인 국가로 꼽았던 복지국가 스웨덴의 첫출발을 알리는 신호탄이었다.

그런데 역설적이게도 한손이 주창한 '국민의 집'이 건설되기 시작한 당시 스웨덴의 사회경제적 사정은 녹록치 않았다. 빈부격차가 매우 심한 빈곤국가였다. 오죽하면 유럽에서 가장 살고 싶지 않은 나라로 꼽힐 지경이었다.

빈곤국가라 함은 나라의 형편이 좋지 않다는 의미일 터, 도대체 무슨 돈으로 복지에 나선다는 말인지 의아해 할 사람들이 많을 것이다. 나 역시 그런 범주의 생각에서 예외는 아니었다. 하지만 그런 어려운 여건은 오히려 약이 되었다. 민주주의를 바탕으로 사회적 격차를 해소하자는 호소는 많은 국민적 지지를 얻을 수 있었고, 그 국민적 지지를 기반으로 추진된 보편적 복지정책은 국민들에게 실질적으로 도움이 가는 역할을 톡톡히 해냈다. 스웨덴은 1938년 사회민주당이 집권하여 신경제정책을 추진하면서 복지국가의 틀을 만드는데 그 원동력은 스톡홀름 교외의 살쇠바덴에서 있었던 스웨덴 노동조합중앙위원회와 중앙고용주연합회 간에 이루어진 역사적 대타협이다. '살쇠바덴 협약'이라고 불리는 이 대타협의 주요 내용은, 노동자는 사용자의 기업경영권을, 사용자는 노동자의 파업권을 각각 인정하는 한편 노동자의 파업권을 노동조합중앙본부가 통제하고 사용자는 노동조합의 경영에 대한 공동협의권을 부여하는 것이었다. 어느 일방이 아닌 쌍방 모두에게 필요한 것을 담고 있다.

이렇게 사회적 대타협 속에 닻을 올린 스웨덴의 복지제도는 1950년대에 들어서면서 황금기를 맞는다. 여기에는 사회민주당의 장기집권으로 일관된 정책을 추진할 수 있었던 배경도 큰 작용을 한다. 모든 노인을 대상으로 한 연금제도를 개혁하여 이를 토대로 가족 정책과 주택 정책을 개혁했던 스웨덴은 1947년에 보편적 아동수당 도입, 1948년 주택 보조금을 도입했다.

1950년 9년제 의무교육이 평생 무상교육으로 이어져 국가가 모든 국민에게 동등한 교육 혜택을 부여하는 획기적인 정책을 실시하는 한편 1955년에는 전 국민을 대상으로 하는 의료보험법이 시행되었고, 1962년에는 종합사회보험법이 제정되었고, 1969년 환경보호법 제정도 이루지는 등 복지국가의 기틀을 다지는 굵직한 정책들이 시행된다.

특히 스웨덴은, 신필균의 『복지국가 스웨덴-국민의 집으로 가는 길』에 따르면, "1960년 '아동돌봄법'이 제정되면서 이미 발생된 문제를 해결하고 복지 수요만 충족하는데 급급했던 '처방적 복지' 대신 '예방적 복지'라는 새로운 개념이 도입"되면서 전기를 맞는다. 노인정책도 "가족 내의 문제에서 사회적 문제로 전환"하여 "개인의 '생애주기'적 관점에 그치지 않고 '가족'의 관점과 사회적 관점에서 좀 더 포괄적이고 종합적인 노인문제 해결을 시도"했다.

그런데 스웨덴이 복지국가로 거듭날 수 있었던 것은 무엇보다도 정책의 일관성이다. 44년을 장기집권하던 사회민주당 정권은 마침내 1976년에 보수당에게 정권을 내주게 되는데, 보수당의 새정부는 사민당 정권이 만들어놓은 복지국가의 보편주의 원리는 훼손되지 않았다. 이후에도 여러 차례 진보와 보수 사이에 정권교체가 이루어졌지만 스웨덴의 복지제도는 흔들리지 않았다. 흔한 말로 정권이 바뀌면 모든 것이 다 바뀌는 것이 일반화된 정권교체 현상임을 감안하면 스웨덴 보수정부의 이 같은 정책 추진은 시사 하는 바가 크다. 남이 해놓은 일이라고 무조건 배척하고 바꿔버리는 우리 풍토에서 스웨덴 식 접근은 정면교사로 삼을 만하다.

여하튼 스웨덴은 누가 뭐래도 복지국가의 한 전형을 이루었고, 그 기저를 잘 지켜 나가는 나라라는 사실에 이의를 달 사람은 없다. 그래서 많은 나라들이 스웨덴을 닮아가고 싶어 하는지도 모르겠다. 정작 중요한 것은 재정적 뒷받침도 무시할 수 없지만 빈곤국 상태에서도 뚝심 있게 밀고나가는 힘은 돈보다는 의지요, 의지보다는 온 국민이 함께 더불어사는 사랑의 정신이 아닐까 싶다.

프랑스 국가보조금 제도, 알로까시옹

프랑스는 세계 많은 나라에 인권의 중요성을 심어준 나라라고 해도 틀리지 않을 것이다. 프랑스 혁명의 3대정신인 자유, 평등, 박애를 실천하면 당연히 도달하게 되는 가치, 즉 인간이 인간답게 살 수 있게 되기 때문이다.

물론 이 같은 가치의 실현이 말처럼 구호처럼 쉽게 되지도 않거니와 실상 이상적으로 실현하기도 사실상 불가능하다. 그럼에도 그런 가치를 실현하기 위해 노력하는 것은 보다 나은 가치를 추구할 수 있기 때문이 아닐까.

프랑스의 복지제도 역시 이런 철학적 배경을 바탕으로 하고 있음은 두말할 필요가 없을 것이다.

프랑스의 복지제도는 크게 3가지로 구성돼 있다. 국가보험과 연금제도, 그리고 알로까시옹이 그것이다. 의료보험 같은 국가보험이나 연금, 실업수당 같은 제도는 우리와 크게 다르지 않다.

그런데 우리와 크게 다른 하나인 알로까시옹은 국가보조금 제도인데, 프랑스가 자랑하는 복지제도의 핵심이자 상징이다.

알로까시옹은 한 마디로 설명하면, 국가가 전 국민의 최소의 생계를 부양하고자 하는 제도이다. 다시 말해 국가가 생활비 일부를 대주는 제도라 할 수 있다.

가족에 대한 지원금은 크게 4범주로 나뉘는데, 가족수당을 비롯하여 주거비 보조금, 장애인 보조금, 최저 소득 보조금 등이다.

가족수당은 국가가 가족의 생계 일정부분을 떠맡는 의미의 보조금인데, 출산지원금, 자녀 수당, 입학 수당, 청소년기금, 편부모 기금 등이 이에 속한다.

가족수당은 △아이에게 지급(태어나는 아기, 산모) △가족이 많은 집 △집이 없는 사람들 △한부모 가족 △가난한 저소득층을 대상으로 하는 등 5가지 원칙에 따라 지급된다고 한다.

특히 프랑스는 출산장려정책은 여러 가지로 시사 하는 바가 크다. 프랑스의 출산정책은 출산 이전부터 시작된다. 임신 7개월부터 수당이 지급되고 16주간이나 주는 출산휴가를 비롯하여 공립병원에서는 출산과 관련한 비용은 무료이다. 또 아이가 학교에 들어가면 입학 수당이 나온다.

또한 셋째 아이를 출산할 경우에는 특별 수당이 추가됨은 물론 대중교통 할인에서부터 휴가비, 이사비, 그리고 신발 옷 등 잡화점 할인에다 문화혜택과 주택보조금과 연금납부 기간 단축 등 그 혜택이 상당하다. 우리나라도 최근 들어 저조한 출산율로 인해 각 지자체들이 앞 다투어 출산장려책을 시행하고 있으나 일회성인 경우가 많아 프랑스의 사례를 깊이 들여다보고 참고할 필요가 있다.

주거비 보조 또한 프랑스가 자랑하는 복지제도이다. 주거비 보조는 프랑스 국민은 물론 외국인에게도 차별 없이 지불되는 특징을 갖고 있는데, 순수 집세와 지난해의 총소득액을 토대로 산정된다. 그래서 대학생이 주된 수혜자긴 하지만 5년 이내의 신혼부부도 혜택을 누릴 수 있다고 한다.

여기에다 프랑스는 대학의 학비가 거의 무료이기에 한국의 유학생들이 이 제도를 잘 활용하면 큰 돈 들이지 않고도 프랑스 유학을 할 수 있다는 생각이 든다.

장애인에 대한 지원 역시 프랑스가 자랑하는 복지제도다. 모든 외국인에게 지급되지는 않지만 프랑인은 물론 망명자,

유럽연합 회원국 국적을 가진 장애인이면 최저생계비에 맞춰 매월 생활보조비를 지급받을 수 있다.

또한 일정한 수입이 없는 실업자들에게도 각종 지원이 이루어진다. 무직자나 최저임금자, 무월급자 등에게 매월 일정액의 지원금을 지급하는데, 독신자인지, 부부인지, 아이가 있는지에 따라 지원금이 결정된다고 한다. 단 이 혜택을 받을 경우에는 주거비 보조를 받지 못한다고 한다.

이렇듯 피상적으로나마 알아본 프랑스의 복지제도는 일단 '보편적 복지'를 추구한다는 점에서 '선택적 복지'를 시행하고 있는 우리와는 다르다.

어떤 제도가 더 좋은가 하는 가치판단은 무의미하다. 어떻게 실행하는가 하는 것이 더 중요하다.

그런 차원에서도 프랑스 정부가 최근 골머리를 앓고 있는 것은 이런 복지제도 시행에는 막대한 재원이 들어간다는 점이다.

그래서 프랑스 정부는 서민을 위한 복지제도를 강조하면서도 복지예산을 삭감하려는 움직임을 보이고 있다. 이유는 정부의 재정이 크게 악화됐는데, 그것은 바로 공공지출이 지나치게 많아서라는 게 프랑스 정부의 설명이다. 공공지출이라 함은 복지비가 대부분, 그렇다면 복지비 때문에 국가재정이 어려워지고 있다는 얘기다. 프랑스의 GDP(Gross Domestic Product, 국내총생산) 대비 공공예산은 52%에 달한다고 한다.

물론 시민사회는 이 같은 움직임에 대해 강력히 저항하고 있다. 특히 국가 재정이 악화된 것은 복지비 지출이 아니라 '부자감세' 때문이라는 게 이들의 주장이다.

여하튼 이런 논쟁과 갈등이 없는 것은 아니지만 프랑스는 복지 선진국다운 면모를 유감없이 보여주는 것 같아 솔직히 부럽다면 나만일까?

시혜적 복지와 생산적 복지

'복지'에 관한 이야기를 할 때면 으레 대두되는 문제 중의 하나가 언제까지 얼마를 밑 빠진 독에 쏟아 부어야 하는가 하는 것이다. 이 말은 자칫 오해의 소지가 있어서 입 밖에 내기에는 조심스런 부분이 있지만 내가 굳이 여기서 거론하는 참뜻은 복지는 밑 빠진 독에 물 붓는다는 말의 뉘앙스처럼 '낭비'가 아니라 계속 생활이 영위될 수 있도록 하는 '투자'라는 입장에서 접근해보자는 취지에서다. 그리고 한 가지 전제할 것은 자본주의니 사회주의니 하는 이념적 잣대는 들이대지 말고 들여다보자.

지금까지 우리 사회가 말해왔던 복지는 소위 시혜적 복지였다. '은혜를 베풀다'는 시혜(施惠)란 말뜻에서 알 수 있듯 시혜적 복지는 도움이 필요한 사람들을 선별하여 이들에게

만 지원하는 형태이다. 선별적 복지라고도 말할 수 있다.

물론 이 같은 정책이 옳을 수도 있다. 어찌보면 모든 국민들을 대상으로 한 복지정책이 바람직할 수도 있다. 나라의 복지정책이 국민의 세금으로 이루어진다는 점을 고려하더라도 세금을 낸 국민들에게 골고루 혜택이 돌아가는 것이 맞을 수도 있다.

그러나 문제는 모든 국민들에게 골고루 혜택이 돌아갈 수 있는 복지정책을 펴기 위해서는 엄청난 양의 재원이 필요하다는 점이다. 재원이 가능하다면 굳이 가려서 할 이유가 없으리라. 그러나 지구상의 어떤 나라도 모든 국민들을 대상으로 일률적인 복지정책을 펴지는 못한다. 물론 나라별로 정도의 차이는 있지만 기본적인 것들을 충족하는 경우는 있을지 몰라도.

세금을 많이 낸 사람이 부자일 가능성이 높고, 부자라면 국가가 굳이 도움을 주지 않더라도 인간다운 삶을 영위하는 데는 아무런 지장이 없다. 문제는 가난한 사람들이다. 이들은 소득이나 자산이 없거나 적어서 사실 내는 세금도 많지 않다. 그래서 도움이 없이는 기본적인 삶을 영위하는 것마저도 버겁다. 그럼에도 복지 혜택은 부자보다는 가난한 사람에게 돌아간다.

하지만 부자 누구도 왜 세금 많이 내는 부자인 자신 같은 사람에게는 복지 혜택을 주지 않느냐고 따지지는 않는다. 즉 다시 말해 가난한 사람들에게 복지 혜택이 주어지는 것에 대해 딴지걸기를 하지 않는다는 얘기다.

그 이유는 뭘까. 우리 사회가 함께 더불어 사는 공동체라는 사회적 공감대가 형성되어 있기 때문이리라. 그래도 굳이 세금 많이 내는 것에 대한 부자들의 불만이 많다고 한다면, 그들이 돈을 많이 벌기까지는 단순히 자신의 물적 토대만을 이용하지는 않다는 점이다. 무슨 말이냐고 하겠지만 돈을 버는 과정에서 공공자산인 사회적 네트워크를 이용할 수밖에 없다는 점에서 그렇다고 다소 억지논리를 들이밀어 본다. 그래서 그런 세금은 당연히 지불해야 할 기회비용이라고 비약시켜본다.

어떤 정치인이 복지 혜택을 받는 사람들이 혼자 자립할 생각이 없고 오직 누군가 도와주겠지 하는 의타심이 있다고 말하여 온 사회를 벌집 쑤셔놓듯 한 적이 있다.

이런 발상도 문제지만 내가 보기엔 우리의 복지정책의 방향도 문제가 있다고 본다. 앞에서 말한 시혜적 복지라는 것이 내 주머니에 있는 돈을 '옛소' 하고 내놓는 식의 발상이어서 주는 나라나 받는 국민이나 둘 다 만족하지 못한다.

그런 점에서 이런 문제를 근본적으로 해결할 수 있는 방안 중의 하나가 생산적 복지정책이 아닌가 싶다.

생산적 복지라 함은 매달 얼마씩 정해진 액수를 대상자에게 지불하는 식의 시혜적 복지와는 상반된 개념으로 수혜대상자들이 자립할 수 있는 물적 토대를 마련하도록 지원하는 것을 말한다. 일정기간 돕다보면 자립할 수 있게 되고, 그럼 그에게 지원하던 것을 또 다른 사람에게 지원하여 자립하게 하고…이런 식의 복지정책을 말한다. 복지투자를 통해서 근로자의 근로의욕을 회복하거나 생산성을 증대시킬 수 있는 방향의 복지 말이다.

그래서 요즘은 복지정책을 노동(work)과 복지(welfare)를 연계한 '노동복지(workfare)' 개념으로 전환하고 있다. 이 제도는 1967년 미국의 AFDC(Aid to Families with Depedent Children) 수급자에 대하여 WIN(Work Incentive) 프로그램이 실시되면서 부터이다. WIN은 AFDC 수급자의 양육 아동이 여섯 살 이상인 경우에는 본인이 구직활동을 하거나 정부에서 제공하는 일자리를 받아들여야만 정부지원을 제공하는 제도이다.

어쨌든 일자리 창출이 무엇보다 중요한 생산적 복지정책인 것이다. 해서 지금 우리나라는 저소득층 실업자에게 '희망근로 프로젝트'라는 것을 실시하여 이들에게 일한 대가를 지불하는 방식으로 운영된다고 한다. 그런데 문제는 '일한다'는 것에만 방점이 찍혔을 뿐 '어떤 일'인지에 대해서는 개발이 안 된 듯 싶어 아쉽다. 희망근로 일은 주로 풀 뽑고 휴지 줍는 것이 고작이라고 한다. 어떤 경우에는 할 일이 없어 구석에 앉아 시간만 때우는 식이라고 한다. 어떤 사람은 이렇게 놀고 돈을 받아도 될까 하는 자책감이 든다고 할 정도다.

그래서 일의 종류에 대한 준비가 대단히 중요하다. 여기서 하는 일은 단순이 희망근로 기간에만 하는 것이 아니라 가능하다면 그 기간이 끝나더라도 취업으로 이어질 수 있는 그런 일이 될 수 있도록 할 필요가 있다. 이 같은 발상은 누구나 할 수 있지만 쉽지 않다고 볼멘소리를 할지도 모른다. 현장을 모르고 하는 허튼소리라고 뭉갤지도 모른다. 그러나 그런 무사안일에서 벗어나 사고를 전환하지 않으면 밑 빠진 독에 계속 물을 부어야 하고, 그 물을 만들기 위해 갖가지 억지 세금을 만들어내야 할지도 모른다.

물론 이 같은 방식이 불가능한 사람도 있다. 가령 고령의 독거노인 같은 경우다. 이럴 경우는 지금의 방법이 더 낫다. 그렇다면 뭐가 문젠가. 이들에게는 지금 방식으로 하고 자립에 가능한 사람에게는 생산적 방법으로 접근하면 될 것이다.

물론 지금 우리의 복지정책이 시혜적인 것과 생산적인 것이 함께 어우러져 집행되고 있다. 그러나 현장에서는 아직도 볼멘소리가 높다. 그건 바로 이런 정책들이 제대로 집행되지 않기 때문은 아닐까.

고기를 잡아주는 것보다 낚시질을 가르치는 식의 복지정책이 온 국민을 함께 인간답게 살도록 만드는 지름길임을 다시 한번 강조하고 싶다.

성장이냐 분배냐, 그것이 문제로다

성장과 분배, 이 두 낱말은 서로 공존하기가 매우 어려운 관계다. 성장을 우선시하면 분배가 울고, 분배를 편애하면 성장이 더디다. 그래서 복지에 관한 논쟁을 할 때면 으레 등장하는 단골메뉴 중의 하나가 '분배냐, 성장이냐' 하는 문제다.

성장을 중요시 하는 입장에서는 성장 없이는 복지가 있을 수 없다는 주장이다. 사실 복지정책을 추진하는 데는 엄청난 재정이 전제되지 않으면 힘들다. 돈 없는 복지정책은 애시당초 성립하지 않는 것이다.

그럼에도 복지정책을 펼치려면 그에 필요한 재원을 마련해야 하는데, 정부가 가진 것이 없다면 어떻게 해야 할까? 방법은 간단하다. 빌려다 쓰면 된다. 그런데 문제는 빌린 돈을 갚기는커녕 계속 빌리기만 한다면 그 종말은 뻔하다. 국가파산이다. 최첨단 유행이 넘실댄다는 미국 뉴욕의 재정적자나 부자 지방자치단체로 꼽히던 성남시의 지불유예 선언에서 벌지는 못하고 쓰기만 하는 말로가 어떻게 되는지 우리 눈으로 똑똑히 목격하고 있다.

그러므로 성장우선론자들은 복지정책을 펴기 위한 재원을 성장을 통해 마련해야 한다고 말한다.

반면 복지우선론자들은 성장론자들의 주장을 이해 못하는 바는 아니지만 '고용 없는 성장'이라는 특징을 보이는 현대 경제의 현실성을 직시하자고 말한다.

경제는 성장하지만 경제적 도구나 과학의 진보로 인한 무인경제시스템의 확대 등으로 인해 똑같은 규모의 생산도 어제보다 더 적은 인원으로 달성해낼 수 있기에 경제 규모가 늘어난다고 해도 고용은 답보상태이거나 외려 더 축소되는 경향을 보인다.

그럼 당연히 일자리를 잃는 노동자가 늘게 되고 일자리를 잃으면 생계를 위협받게 되면서 빈민층으로 전락하고 결국 사회문제를 야기 시키는 계층이 된다는 것이다.

그러므로 이들이 생계를 위협받지 않도록 사회안전망 구축이나 각종 지원 대책을 마련하여 노동력을 상실하지 않도록 국가가 보호하면 문제가 일어나서 지불하게 되는 복지비

보다 더 적은 비용으로 이를 막을 수 있으므로 복지정책에 더 비중을 두어야 한다는 것이다.

얼핏 보아 이 두 주장은 닭과 달걀의 논쟁을 닮았다. 닭이 먼저냐, 달걀이 먼저냐. 닭이 먼저라는 사람은 닭이 있어야 달걀을 낳고 달걀이 있어야 부화시켜 병아리 즉 닭이 있을 수 있다는 논리. 반면에 달걀 우선 주장자는 닭이 어디서 나오는가 하는 입장에서 접근한다. 달걀이 있어야 닭이 나올 수 있기에 그렇다면 당연히 달걀이 먼저라는 것이다.

그러나 이 논쟁은 날을 지새운다고 한들 끝날 줄 모른다. 결론에 도달하기가 쉽지 않다. 애시당초 불가능한 주제인지도 모르겠다.

그런 점에서 성장과 복지는 이율배반적인 관계이다. 하지만 그럴까.

최근 정정길 전 대통령 비서실장이 출간한 『MB국정철학』이란 책에 이것과 관련한 언급을 하였는데 눈에 띄었다.

그는 이명박 정부의 '중도실용주의'를 설명하면서 "한 나라의 자원을 '복지'와 '성장'에 배당할 경우 가장 바람직한 조합을 찾아야 하는데 인간의 능력으론 최적점을 찾기가 어려운 만큼 최적점 주변에라도 근접하도록 노력해야 한다"고 했다.

그렇다. 바람직한 조합, 즉 어느 한쪽에 치우친 정책이 아니라 둘이 함께하는 정책이 되어야 한다는 의미이다. 성장과 분배는 함께 추구해야 할 국가적 과제라는 사실을 주지시켰던 것이다.

성장지상주의는 부익부 빈익빈 등과 같은 양극화 심화로 인한 사회갈등이 빚어지고, 복지지상주의는 일부 사회주의 국가가 보여주었던 것처럼 악착같은 의욕 상실로 인한 빈곤의 심화가 일어난다는 것쯤은 그동안의 경험으로 알 수 있다.

또한 흔히 우리가 복지국가의 모델로 삼고자 한 몇 나라 중의 하나인 스웨덴이 몇 년 전 총선에서 우파연합이 집권 좌파연합을 누르고 승리하는 이변이 일어났었는데, 이 같은 배경은 '복지'를 버리고 '일자리'를 선택한 것이라고들 분석했다. 당시 스웨덴의 총선을 우리가 반면교사로 삼아야 한다는 주장이 나오기도 했었다.

하지만 성장과 복지는 서로 마주보는 관계가 아니라 어깨를 기대는 관계라고 하는 게 맞을 듯 싶다. 성장과 분배 간의 관계에 대한 각종 연구보고서를 보면 이 같은 점이 더욱 명확해진다.

복지는 혹 성장을 저해할 수도 있지만 반대로 촉진할 수도 있다. 또 성장이 복지를 촉진할 수도 있지만 역시 반대로 저해할 수도 있다는 것이다. 하지만 무조건 도움을 주는 정책은 자칫 노동의욕이나 의지를 저해시킬 수도 있다. 한편 소득이 없는 계층이 느는데 사회안정망이 미미하다면 범죄와 이혼 증가 등의 사회적 문제를 야기시켜 결국 이를 해소하기 위한 막대한 사회적 비용을 필요로 하게 된다.

결론적으로 성장이냐, 분배냐 하는 문제는 논쟁거리 자체가 아니다. 상황에 맞게 적절하게 잘 조절하여 둘의 관계를 잘 만들어야 한다. 현대 경제에서 성장과 분배는 수레의 두 바퀴와 같은 존재들이기 때문이다. 이 둘이 산술적이 아닌 적절한 균형이 이루어지지 않는다면 아무리 성장한들, 아무리 분배한들 모두가 공멸하는 결과를 초래하기 때문이다.

복지는 투자인가, 낭비인가

복지는 투자인가, 낭비인가 하는 문제는 이젠 좀 식상한 느낌이다. '복지'라는 말을 계급적 개념에서 접근하여 곧 '평등화'라는 이상한 뉘앙스의 낱말로 둔갑시키던 얼마 전이었다면 당연히 복지는 사회주의식 발상이라며 거론하는 것 자체를 금기시하였을 것이다.

그러나 이젠 그렇지 않다. 복지라는 말은 곧 국가가 국민이 인간답게 살 최소한의 지원을 의미하는 말로 널리 받아들여지면서 낭비보다는 투자라는 생각이 더 많아지고 있는 게 사실이다.

가령, 부모의 돌봄이 필요한 아이가 있는 직장 여성이 있다고 치자. 그럴 경우 아이 엄마는 아이 때문에 일을 그만두거나 아니면 누군가에게 아이를 맡기고 계속 일을 하거나 둘 중의 하나일 것이다. 물론 본인 의사와는 상관없이 주변 환경에 따라 결정할 수밖에 없다.

그런데 문제는 이 여성이 일을 그만두고 육아에만 전념한다고 했을 때 발생하는 손실이다. 이 여성의 노동력이 사장되기 때문이다. 더욱이 엄마가 아이를 맘 놓고 또 경제적 부담도 크게 느끼지 않을 수 있다면 엄마가 일을 그만두지 않았을 것이다. 모든 보육비를 수익자부담원칙에 따라 개인이 모두 부담할 뿐만 아니라 사설육아시설의 보육비가 엄청나게 비싸기 때문에 시쳇말로 뼈 빠지게 일해 급여를 받아봤자 보육비로 다 나가는 현실을 감안하면 남에 손에 키우는 것보다 엄마 손에 키우는 것이 더 낫다고 판단한 때문에 그만두었다.

바로 이 지점에서 복지가 개입할 여지가 생긴다. 국가는 일할 수 있는 여성들이 맘 놓고 일할 수 있는 여건을 만들어야 하는 것이다. 공공보육시설을 늘리고 또 각종 지원책을 마련하여 엄마들이 맘 놓고 일할 수 있는 인프라를 구축하여야 한다.

이러면 엄마들의 일할 능력은 개인은 물론 회사, 나아가 국가의 생산성 향상에 기여를 하게 되는 것이다. 여느 나라들보다 유난히 낮은 출산율을 보이는 것이 천정부지의 육아

영어수업에 열중하고 있는 아이들(서울시 영어마을).

비나 교육비 때문이라는 사실은 더 이상 검증이 필요 없는 원인이다.

노인 문제 역시 육아문제와 크게 다를 바 없다. 점점 고령화 사회가 되어가는 데 돌봄이 필요한 부모 때문에 역시 노동력이 사장되고 있다. 그런 점에서 노인요양보험 같은 제도는 앞으로 많은 보완수정이 필요하겠지만 크게 환영할 정책이라고 본다.

그래서 복지는 투자이다. 물론 지원만 하다보면 피지원자들의 의타심으로 인한 근로의욕 상실 같은 부작용이 초래하고, 그 많은 지원에 필요한 재원은 어떻게 확보할 것인가 하는 문제를 들어 낭비적 요소가 강하다는 주장도 일리가 없는 것은 아니다.

그러나 이런 문제는 정책을 집행하는 과정에서 보다 합리적이고 효율적으로 접근한다면 해소될 수 있는 문제라고 본다. 자칫 복지는 남의 주머닛돈으로 인식하여 자격이 안 되는 데도 못 받는 사람이 바보라는 인식이 있는 한 이상적인 방법이 현실과 괴리가 있을 수밖에 없다는 맹점이 있다.

하지만 저출산이나 고령화, 근로 빈곤, 양극화 같은 현대사회의 문제들은 개인이 나서서 해결할 수 있는 한계가 있다. 모든 사회문제가 사람과 관련이 있다는 점에서 보면 개인의 문제는 개인이 해결해야 한다고 하면 할 말이 없지만 이런 현상들이 초래된 원인을 보면 개인과는 무관한 사회적 상황에 따른 것이 대부분이다. 이럴 경우에도 개인이 부담해야 한다면 무척 억울하다. 일은 국가나 사회가 저질러놓고 그 뒷감당은 국민 개인에게 하라고 한다면, 그건 아니라는 생각이 든다.

이런 것들은 엄밀히 말하면 사회적 비용이고 국가정책의 범주에 드는 일이다. 그렇다면 그 책임의 주체는 명확해진다. 국가다. 이럴 경우를 대비해서 국민들은 세금을 낸다.

국가는 그 세금으로 국가나 사회적 비용을 지출하여 개인이 받는 불이익을 최소화하여야 하는 것이다.

이제부터 우리는 복지에 대한 발상을 전환하여야 한다. 그동안 우리는 복지는 소비, 그것도 소모적 지출로 바라보았었다. 그래서 퍼주기만 할뿐 생산에는 전혀 기여하지 못하는 '지원'이었다. 그러나 복지는 투자이다. 투자한 만큼 사회안전망이 구축되고, 그 사회안전망은 도움이 필요한 국민들을 돕고, 나아가 생산적인 분야로 영향을 미쳐 궁극적으로 국가의 운영과 발전을 도모할 수 있는 발판인 것이다.

세금 더 내도 나는 복지가 좋다?

내 눈을 의심했었다. 2010년 5월 14일치 〈한겨레〉 1면에 톱으로 실린 "국민 72% '세금 더 내더라도 복지 늘려야'"라는 기사의 제목을 보고서다.

이 기사가 나간 후에 실시된 6월2일 지방선거에서 난무했던 여론조사들이 상당수 틀렸다는, 심지어 엉터리였다는 후일담을 듣고서 〈한겨레〉의 이 여론조사 결과 역시 '그럼 그렇지' 하는 수준으로 평가절하 했었지만, 그래도 계속해서 여운이 남는 것은 왜일까?

이 여론조사의 결과가 우리 사회에 시사 하는 바가 매우 크다는 점에서다.

세금 하면 대부분 '나라에 그냥 바치는 아까운 내 돈'이라는 인식이 강하다. 사실 우리가 세금을 냄으로써 알게모르게 영위되는 생활의 편익을 감안하면 '세금은 내야지' 하는 정도로 인식의 폭을 넓힐 수 있지만 문제는 내 주머닛돈을 세금으로 낸다면 사정이 달라진다.

우리 같은 서민이 보기에 거금이지만 부자들에게는 '껌값'에 불과할지라도 '세금'이라는 명목이 붙으면 가난한 사람이든 부자든 내기가 싫어진다. 간혹 텔레비전에 비치는 거액 상습 체납자들의 호화생활을 보노라면 체납자들의 도덕적 해이야 말할 것도 없지만 만약 세금이 아니고 다른 명목이라면 저런 파렴치한 짓을 할까 하는 생각이 든 적이 있다.

그럼에도 '세금을 더 내더라도 복지를 늘려야 한다'는 의견이 절대다수라는 여론조사 결과 앞에서 도대체 복지가 뭔데 국민 절대다수가 원할까 하는 생각이 든다.

특히 〈한겨레〉의 여론조사에서 내 눈길을 끈 대목은 "우리 국민들이 정치성향이나 계층에 상관없이 '정부가 세금을 낮추고 아주 가난한 사람들만 돕는 것'보다, '세금을 많이 내더라도 모든 국민에게 복지혜택이 돌아가는 것이 좋다'는 생각을 훨씬 강하게 갖고 있는 것으로 나타났다."는 점이다.

흔한 말로 '복지'라 함은, 별도의 꼭지에서 자세하게 살펴보겠지만, '가난한 사람들을 돕는 것'이라고 생각하는 사람들이 대다수일 것이다. 그래서 전문용어를 동원해 설명하면

'시혜적 복지'를 복지의 일반적 개념으로 여겨왔던 것이 사실이다.

그러나 이 같은 여론조사 결과는 복지를 바라보는 우리 국민들의 의식이 국민 누구에게나 골고루 돌아가는 복지, 즉 '보편적 복지'에 대해 긍정적으로 생각하는 것으로 변하고 있다는 점을 보여주고 있어 관심을 끈다.

더더욱이 이 여론조사의 세부 항목의 결과가 보여주는 통계는 매우 의미심장하게 와 닿는다. 소득이 높을수록 보편적 복지를 선호하고, 자칫 복지 하면 진보 성향의 사람들이 즐겨 주장하는 이슈라는 고정관념을 깨고 보수층이랄 수 있는 한나라당 지지자 가운데 70.7%가 보편적 복지를 선호한다고 응답했다는 점이다. 따라서 복지는 이제 이념적 잣대로 추진해야 하는 정책이 아니라 중립적 입장에서 국민의 삶의 질을 향상시키기 위해서 추진되어야 할 반드시 필요한 정책적 과제가 되어가고 있다는 점이다.

이 같은 의식 변화의 원인이 무엇일까. 다양한 분석이 가능하겠지만 우선은 사회가 다변화하면서 개인이 감당할 수 없는 사회적 위험도가 너무나 많이 생겨나다보니 이런 위험으로부터 보호를 받기 위해 국가의 역할을 강화하는 것이 더 나을 것이라고 생각하는 듯하다. 즉 복지는 남의 문제가 아니라 바로 나의 문제라고 생각하는데 따른 결과로 보인다. 특히 아이엠에프와 같은 수차례 이어진 국가적 위기를 극복하면서 국가의 역할이 그 어느 때보다 크고 중요하다는 인식을 하였으므로 국가 운영에 필요한 세금 납부에 대한 당위성이 높아진 것이 아닐까 생각한다.

또 하나, 현대국가에서는 성장과 복지가 따로 노는 별개의 이슈가 아니라 수레를 떠받치는 두 바퀴라는 사실에 대한 인식이 높아졌기 때문으로 보인다. 두 바퀴 중 하나가 제대로 작동하지 않으면 수레가 제대로 굴러가지 못한다는 사실은 따로 설명이 필요 없다. 그래서 성장이 먼저냐, 분배가 먼저냐의 해묵은 논쟁은 이제는 닭과 달걀의 논쟁에 불과하다는 사실을 입증해 준다.

〈한겨레〉의 여론조사에서 같은 질문에 대한 2004년의 응답이 성장 우선이 68.9%, 복지 우선이 29%였다는 점을 감안하면 분배에 대한 선호로의 의식변화는 상전벽해 같은 느낌이다. 그런데 당시에는 복지 우선에 답한 사람들 대부분이 대학생들이었다는 분석을 보면 기성인들의 의식이 획기적으로(?) 변했음을 보여준다.

또 하나, 국민들의 이런 의식의 변화와 관련하여 살펴볼 것은 '보편적 복지는 포퓰리즘'이라는 주장이다. 물론 아직 우리 사회의 의식의 수준은 〈한겨레〉의 여론조사의 결과를 그대로 반영한다고 보기엔 무리가 따른다.

그래서 지방선거에서 여야를 막론하고 갖가지 복지정책을 공약으로 발표하자 반대진영에서는 표를 끌려는 얄팍한 포퓰리즘이라는 반격이 거세게 일었었다. 과연 그럴까.

굳이 유럽의 복지정책을 거론하지 않더라도 원조 받는 나라에서 유일하게 원조 하는 나라로 탈바꿈한 우리의 저력을 생각한다면 우리 국민들 모두에게 기본적인 삶의 질을 보장한다는 것이야말로 당연한 발상이다. 포퓰리즘과는 거리가 멀다.

포퓰리즘(Populism)은 대중주의, 또는 인기영합주의라는 것이 사전적 의미이다. 글쎄 이게 인기영합주의라면 우리 사회의 모든 정책이 인기영합주의가 아닐까 싶다. 어떤 정책이든 그 이익을 취하는 사람들이 있게 마련이다. 그렇다면 그 반대편에 있는 사람의 입장에서 보면 당연히 이익 되는 사람들의 인기를 끌려고 하는 것으로 밖에 보이지 않기 때문이다.

이미 우리나라는 국민들을 위한 다양한 복지정책을 실시하고 있다. 응급환자를 실어 나르는 119 구급대만 하더라도 얼마 전까지만 해도 전국가적으로 실시하는데 한계가 있었다. 그러나 이젠 노인전용 구급차가 운용될 만큼 전국화는 물론 전문화 되어가는 추세다. 구급차를 탈 가능성은 나에게도 독자들에게도 모두 있다. 아파서 병원까지 가기 힘들면 으레 119 구급대를 떠올리듯, 이왕지사 환자의 상황에 따른 전문적 응급조치를 받는다면 병 치료에 훨씬 도움됨은 두말하면 잔소리다.

이제 복지는 선택의 문제가 아니라 필수라는 생각이 강하게 드는 것은 나만의 생각일까.

노블레스 오블리제

노블레스 오블리제(Noblesse oblige)라는 말은 애초 '귀족의 의무'에서 이제는 '시민(국민)의 의무' 쯤으로 그 대상이 훨씬 넓어진 느낌이다.

이 말의 어원이 프랑스어인 것은 14세기에 프랑스와 영국 사이에 일어났던 백년전쟁 때에 있었던 일 때문이라고 한다.

당시 영국군이 프랑스의 칼레 시를 포위하고 거세게 밀어붙여 결국 칼레 시의 항복을 받아낸다. 그 후 칼레 시는 영국에 항복사절단을 보냈는데, 항복사절단을 만난 영국왕 에드워드 3세가 점령자로서 책임으로 묻는다. 모든 시민의 생명을 보장하는 조건으로 누군가가 그동안의 반항에 대해 책임을 져야한다는 것. 그래서 칼레 시를 대표하는 사람 6명이 목을 매 처형을 받아야한다는 것이었다.

이제 공은 칼레 시로 넘어왔다. 누가 칼레 시민들을 대표해서 목을 맬 것인가. 죽음을 자처한다는 것은 결코 쉬운 일이 아니다. 죽고 나서 부귀영화가 온다고 한들 그걸 누릴 수 있는 것도 아니고 죽은 사람만이 억울할 뿐이었다.

그러나 칼레 시민들은 달랐다. 칼레 시에서 가장 부자인 '외스타슈 드 생 피에르(Eustache de St Pierre)'가 자발적으로 나섰다. 그러자 시장, 상인, 법률가 등 귀족들이 뒤를 이어 나섰고 그들은 스스로 교수대에 섰다. 그런데 이때 이들의 희생정신에 감복한 구세주가 나타난다. 임신 중이던 에드워드 3세의 왕비가 이들을 살려줄 것을 남편인 왕에게 간청했던 것이다. 결국 에드워드 3세는 이들을 살려준다.

뭔가 가슴으로는 느끼지만 적합한 말이 떠오르지 않을 이런 고귀한 상황을 역사는 그냥 둘리 없다. 이들의 숭고한 정신을 기록하고 '노블레스 오블리제'라 하였다.

그런데 사실 이 노블레스 오블리제는 로마시대 때부터 있었던 하나의 전통이다. 로마 귀족들은 자신의 신분이 노예와 다른 것이 다름 아닌 사회적 의무를 실천할 수 있다는 점이었다. 특히 병역의 의무를 실천하지 않은 사람은 호민관이나 집정관 같은 고위직에 오를 수 없었다고 한다.

우리가 어렸을 때 학교에서 국가관이나 애국심에 관해 교육받을 때 어김없이 등장하는 질문, 즉 다른 나라에 사는 유태인들은 조국에서 전쟁이 일어나면 자발적으로 조국으로 돌아가기 위해 공항으로 달려간다며, 그럼 우리라면 어떻게 할 거냐는 것이다. 선생님의 설명은 우리도 공항으로 달려가긴 가는데 그 방향이 다르지 않을까 하며 의구심을 드러낸다. 외국에 있는 교포들은 아예 귀국할 생각도 안 할 거고, 이 땅에 있는 지도자들은 해외로 도피하기 위해 공항으로 간다고, 당시에는 그런가보다 했는데 지금 생각해보면 지나친 논리적 비약이고 우리 민족성을 믿지 못하는 것이 아니었나 싶다. 하지만 우리에게도 이런 노블레스 오블리제를 실천한 지도자들이 많이 있다. 그 중 대표적인 것이 우리에게 자주 회자되는 경주 최부자집이 아닌가 싶다.

알다시피 경주 최부자집은 경주 교동에 사는 '최준(崔浚)의 집'인데, 이 '최부자집'은 12대 300년 동안 만석꾼이었고, 10대에 걸쳐 진사였던 것으로 유명하다.

그런데 이 집이 부자와 벼슬을 많이 한 집안에 머물렀다면 후세에 회자되지는 않았을 것이다. 바로 혼자만 잘살려고 하지 않고 주변의 이웃들과 더불어 사는 삶을 실천했기 때문이다. 한국 판 노블레스 오블리제.

참고로 그 유명한 이 집의 여섯 가지 가훈을 보자. △과거

기부천사 영화배우 신영균씨 소유의 충무로 소재 명보아트홀(구 명보극장).

를 보되, 진사 이상은 하지 마라 △재산은 만 석 이상 지니지 마라 △과객을 후하게 대접하라 △흉년기에는 땅을 사지 마라 △며느리들은 시집온 후 3년 동안 무명옷을 입어라 △사방 백 리 안에 굶어죽는 사람이 없게 하라 등.

최부자집에는 또한 자신을 지키는 여섯 가지 지침 즉 육연(六然)도 있다. △스스로 초연하게 지내라 △남에게 온화하게 대하라 △일이 없을 때 마음을 맑게 가져라 △일을 당해서는 용감하게 대처하라 △성공했을 때는 담담하게 행동하라 △실의에 빠졌을 때는 태연히 행동하라 등.

그런데 우리는 최근 또 한 명의 노블레스 오블리제를 실천한 사람을 만났다. 영화배우 신영균씨가 그 주인공이다. 신영균씨는 2010년 10월 자신의 500억 원 규모의 재산을 영화계에 기부했다.

신영균이 누구인가. 치과의사를 하다가 영화배우로 전업하여 '과부' '빨간마후라의 사나이' '미워도 다시 한번' '사랑방손님과 어머니' '연산군' 등 우리나라 영화역사를 화려하게 수놓는 주옥같은 작품에 출연했던 바로 그 배우 신영균이다. 조금 더 관심이 있는 사람들은 그가 서울 충무로 있는 한때 최고의 개봉관으로 군림했던 명보극장(현 명보아트홀)의 주인이라는 것까지 알고 있다.

그런데 많은 사람들의 뇌리에 각인 된 신영균에 대한 또 하나의 아이콘은 바로 '짠돌이'라는 점에서 그의 기부는 혹시 제스처가 아닌가 하는 게 내가 받은 첫 느낌이었다. 커피 한 잔 자장면 한 그릇 안 사는 사람이었기에 그랬다.

그러나 텔레비전에 비친 기자회견하는 그의 모습을 보고 나는 진정성을 느꼈고, 이내 가슴이 찡해옴을 느꼈다. 다른 사람들에게 기부의 정신을 이토록 멋지게 전파할 수 있다니 하는 생각에 경의심마저 들었다.

난 요즘 사람들에게 노블리제 오블리제를 말할 때면 빌게이츠 같은 외국사람들을 예로 들곤 했는데, 이제부터는 바꾸기로 했다. 신영균으로. 물론 문근영이나 김장훈 등등 유명연예인은 물론 자신의 작은 정성을 쪼개 이름을 밝히지 않는 기부천사들의 노블레스 오블리제를 실천하는 사람들이 많다는 점에서 같은 국민으로 자긍심이 든다.

어쨌든 사실 옛날에는 노블레스 오블리제라는 지도층의 도덕적 의무를 말하는 전유물이었다. 그러나 이제는 보통사람들이 남을 위해 또는 국가와 사회를 위해 해야 할 일쯤으로 의미가 많이 확장되었다. 그래서 실천하는 것도 거창할 필요 없다. 생활 속에서 상황에 맞게 편안하게 하면 그게 바로 노블레제 오블리제가 아닌가 싶다.

복지사회가 공정사회다

지금 우리나라는 뜻하지 않게 '정의'가 사회적 화두로 부상하면서 인구의 입에 회자되고 있다. 이는 미국 하버드대학의 마이클 샌델 교수가 쓴 책 『정의란 무엇인가』(이창신 옮김, 김영사 펴냄)가 베스트셀러를 넘어 인문서로는 드물게 밀리언셀러가 되면서 비롯된 현상인데, 마이클 샌델 교수의 다른 책 『왜 도덕인가』(안진환·이수경 옮김, 한국경제신문 펴냄)와 『생명의 윤리를 말하다』(강명신·김선욱 옮김, 동녘 펴냄) 역시 날개 돋친 듯 팔려나가면서 우리사회에 가히 '마이클 샌델 신드롬'을 만들고 있다.

이 책은 지난 2010년 5월에 출간되어 2010년 말인 지금까지 대략 50만 부가 나갔다니 언제부터 우리 독서계가 고급해졌는가 하는 의문이 드는 것 또한 부인할 수 없다. 그의 이 같은 인기는 우선 그의 책이 갖는 내용에 주목해야겠지만 사실 읽기가 그리 녹록치 않은 인문서라는 점에서 책 내용이 좋다는 것만으로 설명하기는 뭔가 부족해 보인다.

그래서 나는 이 책의 출간 시기를 주목한다. 그의 책 『정의란 무엇인가』가 번역 출간되고 어느 정도 시장에서 론칭이 이루이지고 나서 이 책이 롱런할 것인가 아니면 서점의 서가 뒤편으로 밀려날 것인가 하는 시점에 이명박 대통령이 8·15 경축사에서 요즘 우리사회의 화두인 '공정사회'를 들고 나왔다. 기막힌 타이밍이다. 2001년 한양대 이희수 교수가 쓴 『이슬람』(청아출판사 펴냄)이 소수의 독자들에게만 읽힐 것이라던 당초의 예상은 보기 좋게 빗나가며 베스트셀러를 기록했는데, 그 일등공신(?)은 바로 미국이 아프가니스탄을 공격하면서 전쟁이 일어났고, 이어 사람들의 관심이 이슬람으로 쏠렸기 때문이다. 지은이는 물론 출판사 어느 누구도 예상하지 못했던 이 전쟁과 책 출간 시기와의 기막힌 타이밍, 그건 우연이었다.

이렇듯 『정의란 무엇인가』도 타이밍은 기막히게 좋았다. 그런데 이 책이 화제를 불러일으키기에는 이런 기막힌 타이밍만은 아닌 것 같다. 때마침 개각이 일어나면서 고위 공직자 인사청문회를 하게 되었는데, 이 과정에서 고위공직자

후보들의 공정하지 못한 행태가 도마 위에 오르면서 '정의'가 그 무엇보다도 중요한 도덕적 가치로 부상한 것이다. 오죽하면 위장전입·부동산투기·세금탈루·병역기피 등 4대 필수과목을 이수하지 않으면 장관할 생각 말라는 조소적인 말까지 인구의 입에 회자되었는가. 그런데 여기에 이어서 기름 붓는 일이 또 일어났다. 외교부장관 자녀 특채 문제가 불거졌던 것. 이런 일련의 일들을 겪으면서 많은 사람들은 우리 사회가 과연 '공정사회'인가 의심하게 되었고, 이 의구심은 『정의란 무엇인가』 같은 책을 통해 보다 구체적으로 고민하게 된 것이 아닐까.

다들 알고 있겠지만 『정의란 무엇인가』가 어떤 책인지 소개하면, 이 책은 하버드대의 강의 'Justice(정의)'를 바탕으로 쓰여진 책인데, 이 강의는 7천 명도 채 안 되는 학부생 가운데 무려 천 명의 학생들이 들을 만큼 하버드대에서 가장 인기 있고 영향력 있는 수업으로 손꼽힌다. 자유사회의 시민은 타인에게 어떤 의무를 지는지, 정부는 부자에게 세금을 부과해 가난한 사람을 도와야 하는지, 자유시장은 공정한지, 진실을 말하는 것이 잘못인 때도 있는지, 도덕적으로 살인을 해야 하는 때도 있는지 등 우리가 시민으로 살면서 부딪히는 어려운 질문들을 설득력 있게 풀어간다.

그런데 나는 이 책을 읽으면서 정의를 바탕으로 한 공정사회의 건설은 애초 만들어진 불공정한 무대를 바꾸지 않고는 어렵다는 생각이 강하게 들었다. 특히 양극화가 심화된 이런 상황에서 사회적 약자에 대한 지원 없는 상태에서 부자와 빈자를 경쟁시키는 것은 보나마나 한 게임이 된다.

그래서 나는 이런 양극화 같은 사회문제를 풀기 위해서는 무엇보다도 복지적 차원에서 접근해야 한다고 본다. 물론 가진자들을 무조건 백안시하는 사회적 풍토 또한 바뀌지 않으면 이 역시 공정사회로 가는 길에 걸림돌이 된다. 일부 재벌들의 일탈된 행동을 일반화시키는 우를 범하지 말아야 하고 가난한 사람들은 항상 우는 소리만 하는 사회 발전을 걸림돌이라는 식의 인식 또한 가장 우선적으로 불식할 필요가 있다.

2010년 연말을 뜨겁게 달군 롯데마트의 '통큰치킨' 논쟁이 우리사회가 공정사회로 가기 위해 무엇을 해야 하는지 또렷이 보여줬다. 장사는 결국 돈 많은 사람이 이기는 게임이다. 하지만 거기에는 상도덕이 있다. 롯데마트 측은 소위 밑지지 않고 팔았다고는 하지만 원가 이하로 팔았다는 프랜차이즈협회의 주장도 일리가 있는 것을 보면 그 속마음이 궁금하지 않을 수 없다. 미끼상품이라는 주장이 설득력을 얻는다.

가격이 싸면서도 무한리필을 하는 음식점들이 가끔 텔레비전에 소개되곤 하는데, 그럴 때 꼭 던지는 질문, "밑지지 않으세요?", 그러면 주인은 늘 한결 같은 대답이다. "그래도 남습니다. 남으니까 팔죠."

물론 이 논쟁에서 고려해야 할 사항이 많이 있겠지만 나는 한 가지만 생각해보련다. 만약 동네 치킨집마저 할 수 없는 상황이 된다면 그 많은 사람들은 뭘 해서 먹고 살 것인가. 이들의 생계는 국가가 떠맡아야 할 복지지원이다. 대기업의 탐욕을 위해 국가가 새로운 복지대책을 세워야 한다면 이건 불공정사회의 전형이 아닐까. 공정거래위원회는 이런 것을 어떻게 판단할 것인지 궁금하지 않을 수 없다.

제 2 부

복지는 실천이다

수혜자에게 돈을 직접 지원할 것인가 아니면 수혜자가 돈을 벌을 수 있도록 지원할 것인가. 답은 이미 정해진 것 같다. 낚시질을 가르치면 된다. 즉 고기를 먹고 싶을 땐 언제나 스스로 해결할 수 있도록 하면 계속해서 신경 쓸 필요가 없기 때문이다. 복지정책도 이런 관점에서 접근할 필요가 있다.

가장 좋은 복지정책은 일자리 창출이다

복지를 한 마디로 정의하라면 사회적 약자들이 최소한의 인간다운 삶을 영위할 수 있도록 지원을 하는 것이라고 할 수 있을 것 같다. 그런데 이 지원에는 관심이나 돌봄 같은 비경제적 요소도 있겠지만 무엇보다도 중요한 것은 '돈'이다. 그래서 복지정책이 나오면 바늘과 실처럼 반드시 거론되는 것이 바로 '재원마련방안'이다. 그래서 지금 우리사회에서 복지정책과 관련해 일어나는 많은 논쟁들은 결국 돈 문제를 어떻게 해결할 것인가로 귀결된다. 그런 점에서 수혜자에게 돈을 직접 지원할 것인가 아니면 수혜자가 돈을 벌을 수 있도록 지원할 것인가 하는 문제의 답은 이미 정해진 것 같다. 흔한 말로 낚시질을 가르치면 된다. 즉 고기를 먹고 싶을 땐 언제나 스스로 해결할 수 있도록 하면 계속해서 신경 쓸 필요가 없기 때문이다. 복지정책도 이런 관점에서 접근할 필요가 있다는 점은 내가 이 책에서 수차례 언급한 바 있다.

그래서 나는 가장 좋은 복지정책은 일자리 창출이라고 강조하고 싶다. 물론 스스로 경제 행위를 할 수 없는 어린이나 노약자 등에게는 직접지원이 불가피하다. 하지만 일할 수 있음에도 불구하고 일자리가 없거나 아니면 일할 기능이 없어서 생활고에 시달리는 사람들이라면 상황이 달라진다. 이들에겐 일자리를 제공하거나 일할 수 있는 직업교육을 시킨다면 짧은 기간의 지원으로 지원 대상에서 졸업하게 하고, 이들에게 지원을 하지 않음으로써 생기는 재원은 또 다른 지원자에게 혜택이 돌아갈 수 있도록 선순환 시스템으로 운영하는 것이다.

물론 정책 당국자들이 이런 지적을 모르지 않을 테다. 어쩌면 더 정확하게 잘 알고 있을 것이다. 고용노동부가 2011년에 근무형태 다양화를 통한 일자리 창출에 적극 나선다는 소식은 그래서 매우 반갑다. '더 많은 사람이 일하고, 일을 통해서 함께 잘사는 공정사회 구현'을 2011년도 업무목표로 정한 고용노동부의 이런 접근은 보다 근본적으로 문제를 해결하려는 의지로 보인다. 특히 박재완 고용노동부 장관이 2010년 11월 22일치 〈서울신문〉과 한 인터뷰에서 밝힌 것을 보면 구체적인 방법도 제시하고 있어 관심이 간다. 그의 인터뷰 내용을 조금 인용하겠다.

"상당수 근로자들은 장시간 일을 하고 있지만 나머지 일부 근로자들은 시간제 일자리라도 애타게 찾고 있다. 이런 불공정한 상황을 해소하기 위해 근로자의 실제 근로시간을 줄이면 1석 5조의 효과를 기대할 수 있다. 일자리 증가와 삶의 질 제고, 산재 감소, 노동생산성 증가, 가족 가치의 복원 등이다. 우리가 소득 3만 달러 시대를 열기 위해서는 과거 1960~70년대의 개발연대의 고용시스템에서 벗어나 유연하고 탄력적인 선진 고용시스템을 정착시켜야 한다. 따라서 내년에 '시간제 근로자 고용촉진법'을 제정해 보다 유연한 고용 시스템을 정착시키는 데 법과 제도적 지원을 아끼지 않겠다."

그런데 많은 기관들이 앞 다투어 일자리 창출 계획을 발표하곤 하는데, 사실 그 실효성에 의문이 가는 것 또한 부인할 수 없다. 그리고 "일자리 10만개 창출"과 같은 그 기관들이 발표하는 숫자들이 과연 현실성이 있는 것인가 하는 것도 문제다.

결국은 새로운 일자리가 어느 날 갑자기 하늘에서 떨어지지 않는다는 현실적인 진단이 앞서야 한다. 그런 점에서 고용노동부의 현재 있는 일자리에서 근로시간 같은 것을 조정하여 일자리를 더 늘리는 것이 보다 확실한 해법이다. 우리는 이 같은 경험을 한 바 있다. 아이엠에프 때 많은 회사들이 구조조정을 하면서 근로자들에게 명예퇴직이나 해고 같은 방법으로 퇴출하였지만 일부 기업들은 정년을 조정하거나 근무 시간을 조정하여 퇴출자를 최소화했었다. 그리고 다시 경기가 회복되고 기업의 사정이 좋아지면서 자연스럽게 정상을 회복하였던 것이다.

그래서 정부는 아무래도 일자리 창출의 전위대인 기업들에 대한 정책을 개발하는 데 많은 시간과 노력을 기울여야 할 것이다. 기업들이 고용정책을 보다 유연하게 할 수 있도록 문제가 되는 규제가 있다면 과감하게 풀어야 한다. 물론 전제는 근로자의 고용 불안을 초래하는 따위의 남용의 여지를 없애야 한다. 이 문제의 가장 기본적인 원칙은 회사도 근로자도 모두 함께 상생하는 것이기 때문이다.

또 하나 지적할 것은 대기업 중심 정책에서 벗어나야 한다. 사실 고용효과는 대기업이 아니라 중소기업에서 훨씬 크게 나타난다. 대기업들은 자본력을 바탕으로 첨단화 자동화로 발전시켜 고용 없는 생산성 향상을 추구하기 때문에 실질적으로는 고용효과가 미미하다. 또 대기업의 숫자도

적다. 반면 중소기업은 다르다. 아직까지 우리의 중소기업은 근로자들의 노동력을 바탕으로 영위되고 있다고 해도 크게 틀리지 않다. 즉 노동집약형기업이란 말이다. 그렇다면 당연히 중소기업의 활성화 방안은 곧 고용 창출 방안과 그 맥이 맞닿아 있는 셈이다.

또한 고용창출 숫자나 실적에만 급급한 행태에서 벗어나야 한다. 요즘 농촌에 가면 정부에서 하는 공공근로사업이나 희망근로사업에 참가하는 것을 흔히 볼 수 있는데, 이 사업에 참여하는 사람들 중 일부는 생활에 전혀 지장이 없지만 그냥 놀고 있어 참가하는 경우가 허다하다고들 입을 모은다. 생활수준과 상관없이 일당벌이를 위해 참가하지 않는 사람이 바보 취급받는 실정이다. 해서 정책을 만드는 것도 중요하지만 이왕 만들어진 정책을 제대로만 집행해도 실질적인 일자리를 만들 수 있고 아울러 지원금 누수 같은 것이 발생하지 않는다고 본다.

물론 현실적으로 근로자보다 태부족인 일자리 숫자가 문제다. 현대경제연구소가 조사한 바에 따르면 외환위기 이후 우리나라는 매년 평균 18만5천 개의 일자리가 줄어들었다고 한다. 또한 일자리 창출 숫자도 1993~1997년의 연평균 약 49만5천 개에서 외환위기 이후인 2002~2007년 31만

개로 줄어들었다고 한다. 경제성장률 1% 포인트 당 증가한 일자리 수도 1993~1997년에는 연평균 약 6만3천 개였으나 2002~2007년에는 약 5만9천 개로 줄었다.

이렇게 산업환경은 날로 변화해 고용불안을 야기하는 요소들이 많다. 그럼에도 일자리는 국민들에게 가장 중요한 요소다. 일해야만 생활할 수 있기 때문이다. 그래서 가장 좋은 복지정책은 일자리 창출이고 일자리 창출은 결국 사회안전망의 첫걸음인 셈이다. 이런 생각만큼은 분명히 하고 정책을 만들었으면 하는 바람이다.

정치적 접근이 필요 없는 무상급식 문제

우리사회를 뜨겁게 달구는 이슈 중 '무상급식' 문제를 빼놓을 수 없다. 아이들 밥 먹이는 문제로 어른들, 특히 정치인들이 싸우는 행태를 보노라면 진짜 아이들을 위한다기보단 자신들의 정치적 입장에 따라 물불을 안 가리는 것 같아 낯 뜨겁기도 하다.

그런데 이 문제는 어떤 식으로든 결론을 도출하지 않으면 안 되게 되었다. 더 이상의 논쟁은 논쟁을 위한 논쟁에 불과할 뿐 새로운 주장이나 논거가 나올 것 같지도 않고 나온다고 한들 궤변일 수박에 없다는 생각이다.

무상급식 문제가 불거진 것이 자칫 정치인들이 표를 의식한 포퓰리즘의 산물이라는 인상을 지울 수 없지만 어떤 방식으로든 우리 사회에 화두로 던져졌다면 진지한 논의를 하여 생산적인 결론을 도출해 정책에 반영함과 동시에 실행하면 된다.

그런데 이 문제의 간극에는 부잣집 아이들까지 굳이 공짜로 밥을 먹어야 하느냐는 선택적 복지 입장을 견지하는 보수주의자들과 무상교육의 차원과 유상급식자와 무상급식자 간의 위화감 조성 같은 문제를 내세워 누구나 똑같이 밥을 먹어야 하다는 보편적 복지를 주장하는 진보주의자들이 서로 마주보며 대치하고 있는 형국이다.

몇 년 전 경기도 성남에 사는 한 후배로부터 들었던 이야기가 생각난다. 그에 따르면 당시 그의 아이가 초등학교 6학년이었는데 학교급식비를 안낸다는 것이었다. 내가 깜짝 놀라며 그가 사는 동네가 성남에서도 강남 다음 간다는 신도시 분당임을 감안하더라도 그가 기초생활수급자나 혜택을 받는다는 급식비 지원을 받고 있다는 사실에서 조금 충격을 받았다. 도대체 그 동네는 소득이 어느 정도 되어야 복지대상에서 제외될까 해서 말이다. 그런데 그건 그의 가난함(?) 때문이 아니었다. 성남시는 모든 초등학교 6학년 학생들에게 무료급식을 하고 있기 때문에 잘살든 못살든 상관없이 지원된다는 것이었다. 이유를 안 나는 당시 성남시장이 누구냐고 물었던 기억이 있다. 혹시 진보정당 출신이 아니냐고 했던 것 같다. 그런데 한나라당 출신이라는 그의 대답을 듣고, 이건 이념이 아니라 예산집행자의 의지에 달린 문제라고 생각했었다.

그때만 해도 무상급식 문제가 이렇게 '뜨거운 감자'로 부상하지는 않았는데, 어느새 그 문제는 수면 위로 올라와 우리 사회의 핫이슈가 되었다.

복지천국으로 알려진 핀란드는 지금부터 60여 년 전인 1948년부터 초중등학생들에게 무상급식을 실시했다고 한다. 당시 핀란드 국민들은 "우리가 가난해 하루 한 끼니를 굶는 한이 있더라도, 자라나는 청소년들에게는 적어도 점심 한 끼니만이라도 잘 먹이자"는 생각에서 이런 전향적인 정책을 도입했다고 한다.

물론 반대하는 사람들도 무조건 반대하지는 않는다. 기본적으로는 취지에 찬성하거나 부분적 시행을 주장한다. 또 정책의 우선순위에 있어 무상급식이 최우선 과제는 아니라는 입장이다.

학교예산을 집행할 때 지금은 학교안전 문제를 최우선으로 다뤄야 한다는 주장에서 대규모 식중독 사태 발생과 같은 사고의 우려에서 급식의 안전도 관리가 더 중요하다는 의견도 일리가 없는 것은 아니다.

다행히도 무상급식은 2010년에 있었던 지방선거에서 무상급식 지지여론이 확인되면서 이제 대세가 된 것 같다. 2011년부터 전국의 9개 시·도에서 친환경무상급식을 시행한다고 한다. 인천·광주·경기·충남·전북 등 5곳은 초등생 전원을, 충북은 초·중등생 전원을, 부산과 경남, 전남에선 부분적으로 실시한다는 것이다.

문제는 이렇게나마 무상급식이 시작되면 앞으로 언젠가는, 내 생각으로는 그리 멀지 않은 장래에 전국적으로 전면실시 될 것이기에 차분하게 문제점을 동시에 짚어 개선하는 작업을 하는 것이 중요하다.

우선 예상되는 문제점은 식자재의 안전한 확보와 아울러 무상급식을 조리할 수 있는 시설이나 또 종사자들의 안정된 고용 확립 등이 될 것 같다.

특히 나는 학교급식은 지방의 농가들에게도 안정된 판로가 확보된다는 차원에서 단순히 학교급식 문제로만 접근하지 않았으면 한다. 농가의 안정된 판로라는 점에서 이는 또 다른 산업적 효과가 기대되기 때문이다. 야채농가는 특히 날씨나 이런 요소들에 의해 영향을 받는데, 봄철 이상저온 현상에 다른 작황 부진에다 엎친 데 덮친 격으로 여름철 폭염과 태풍, 기습폭우까지 이어지면서 피해를 입어 배추 한 포기가 1만5천원을 상회했던 2010년 배추파동 가운데서도 한살림 같은 생협에서는 평소 가격과 크게 다르지 않게 거래되었던 점을 기억할 필요가 있다. 안정된 판로가 확보되면 계획생산 계획소비가 가능하기 때문에 농민은 마음 놓고 야채의 질을 높이는데 주력할 수 있는 이점에 있고, 학교는 좋은 식자재를 좋은 가격으로 구매할 수 있는 말 그대로 꿩 먹고 알 먹는 구조가 되는 것이다.

무상급식은 더 이상 정치논리가 지배해서는 안 된다. 교육당국과 학부모 등 이해당사자들이 모여 머리를 맞대고 풀어야 할 숙제이지만 가장 중요한 목적은 어떤 것이 우리의 미래인 아이들을 위한 길인가 하는 것이리라.

가뭄의 단비 같은 서민금융

옛말에 돈이 돈을 번다는 말이 있다. 돈 벌 밑천이 있어야 결국 그게 이윤을 창출하는 것이다. 그런데 이런 밑천이 없는 서민들은 이 말의 의미를 더욱 실감하면서도 어찌할 수 없는 것이 현실이다. 더더욱이 살다가 이런저런 이유로 은행이 아닌 곳에서 또 사채로 작은 돈을 빌렸다가 매일 죽기살기 식으로 노동을 해도 입에 풀칠은커녕 이자내기에도 헉헉대다가 결국 배보다 배꼽이 더 큰 빚더미에서 삶의 마지막을 생각하기도 하는 것이 현실이다.

그런데 이들에게는 비빌 언덕이 될 자금이 조금이라도 지원되면 충분히 자립의 기반을 쌓을 수 있다. 그 대표적인 예가 2006년도 노벨평화상을 받은 방글라데시 유누스가 만든 그라민 은행(Grameen Bank)이 아닐까 싶다. 유복한 집안

출신으로 대학교수였던 유누스가 단돈 20여 달러가 없어서 고리대금업자의 횡포에 시달리는 주민에게 무담보로 자신의 돈을 빌려주었던 것이 시발이 되어 만들어진 마이크로크레디트(Microcredit, 무담보 소액대출)이다.

사비로 시작하였던 이 프로젝트는 1976년 은행에서 유누스가 대출을 받아 이 자금을 종잣돈으로 하는 그라민 은행 프로젝트를 운용하기에 이르렀고, 이것은 1983년에 그라민 은행을 법인으로 전환하였고, 1993년 이후 흑자로 전환되었다고 한다.

그런데 놀라운 것은 대출금 회수율이 무려 99%에 육박하고, 대출 받은 극빈자 2008년 말 현재 767만 명의 58%가 절대빈곤에서 벗어났다는 사실이다.

그래서 우리 정부도 고기를 잡아주는 것이 아닌 낚시질을 하도록 지원하는 정책의 필요성을 공감하고 이 그라민 은행을 벤치마킹한 다양한 친서민 금융정책을 내놓고 있다. 그 중 특히 눈에 띄는 것은 아마도 미소금융이 아닐까 싶다.

미소금융은 담보가 없거나 저신용 상태의 서민들에게 창업자금과 운영자금 등을 무담보·무보증으로 지원하는 소액대출사업인데, 사업 시행 1년이 지난 2010년 12월 경 2만 1,223명에게 1,019억 원을 대출한 것으로 나타났다.

한국자산관리공사의 금융소외자 취업상담모습.

사실 미소금융이 출범할 때는 규모 확대가 가장 큰 관건이었다. 부족한 지점 수와 까다로운 대출 기준 때문이었다. 금융당국은 이에 따라 1년 새 지점을 100개까지 늘리고, 5~6등급에게도 대출 기회를 주는 등 대출 문턱을 낮췄다. 초기 월 10억~20억 원에 불과했던 대출 규모는 이 조치를 바탕으로 빠르게 늘어나 150억 원 규모를 보였다고 한다.

그런데 이 미소금융의 또 다른 과제는 대출금 회수인데, 이르면 2011년 3월부터 대출 원금 상환이 시작된다고 한다. 이때부터 본격적인 연체율과의 '전쟁'이 시작되는데, 과연 그 결과가 어떨지 주목되지 않을 수 없다. 앞에서 예로 든 그라민 은행의 결과가 곡 비관적이지만은 않지만 방글라데시와 우리의 경우가 다르고, 또 사회적 경제적 여건이 판이하게 다르기 때문에 단순비교가 의미 없다.

우리 정부는 미소금융 말고도 여러 가지 서민지원금융 프로그램을 가동하고 있다. '햇살론' '희망홀씨' '새희망홀씨' 등 여럿이 서민들의 무거운 짐을 덜어주는 제도들이다. 이 제도들은 금융 소외계층에게 긴급자금을 지원하고 사회안전망 역할을 담당한다. 문제는 대출 기준을 마련하는데 어떤 사람을 지원할 것인가 하는 지원자격에 관한 것이다. 자칫 정작 지원받을 사람은 받지 못하고 지원이 필요 없는 사람이 지원받을 수도 있기 때문이다. 물론 이제 어느 정도 시행하며 시행착오를 겪은 터라 많이 정착되긴 했다.

그런데 사실 서민지원금융제도에서 무엇보다 눈에 띄는 것은 자산관리공사(캠코)의 '전환대출' 제도가 아닌가 싶다. 고금리 대출을 받아 배보다 배꼽이 더 커서 사회문제가 되는 사금융 대출자들에겐 저금리로 갈아타기 하기란 정말 좋은 일이다. 사실 대다수는 빚을 떼먹겠다는 식의 도덕적 해이가 없다. 어떤 식으로든 빚은 갚겠다는 생각을 갖고 있으나 원금보다 더 커지는 이자부담에 허리가 휘고 급기야 포기하게 되는 수가 많다. 이런 점에서 10%대의 은행 저금리 대출로 전환해주면 이들은 물론 그렇다고 적은 부담은 아니지만 예전보다 훨씬 적은 부담으로 빚고민을 덜 수 있고, 이렇게 덜 받는 스트레스는 생산성 향상으로 이어져 결국 소득 증대로 이어질 가능이 크다.

바로 이런 가능성 때문에 고기를 잡아주는 것보다 낚시질법을 가르치는 식의 복지적 접근이 필요한 것이다.

아이는 국가가 키워야한다

집안에 큰일이 있을 때면 자식 많은 집이 얼마나 좋은지 알 수 있다. 자식들 여럿이 힘을 합쳐 궂은일을 말끔히 처리하는 것을 보면 자식 적게 둔 집은 무척 부러워한다. 더더욱 경제가 모든 것을 지배하는 지금 경제를 떠받치는 중요한 기둥 중의 하나인 노동력이 국가의 커다란 자산이라 점을 감안하면 자식 많은 것은 이래저래 좋다.

그런데 그동안 우리의 출산 정책이 적게 낳자고 강압적으로 호소하던 것이 엊그제인데 이젠 노동력 부족은 말할 것도 없고 기본적인 것조차 영위할 수 없을 만큼 심각한 저출산에 직면했다.

우리나라가 그동안 내걸었던 가족계획 관련한 표어를 보면 이 같은 역사를 고스란히 알 수 있다.

비눗방울 놀이하는 어린이(오륜교회 제공).

1960년대에는 "알맞게 나아서 훌륭하게 키우자"거나 "덮어놓고 낳다보면 거지꼴을 못 면한다" 식으로 반 협박을 하여 산아제한을 시도한다. 그래도 정부의 산아제한 목표를 이루지 못하자 1970년대에 들어와서는 "딸 아들 구별 말고 둘만 낳아 잘 기르자"고 자녀를 아예 2명만 두라고 강권한다. 남아선호사상이 유난히 강한 우리의 정서에서 아들 낳기 위해 줄줄이 딸만 낳은 것을 의식한 표어였다. 그러나 늘어나기만 하는 인구에 위기의식을 느낀 정부는 1980년대 들어 "하나씩만 낳아도 삼천리는 초만원"이라며 아예 두 명도 많으니 이젠 한 명만 낳으라며 "잘 키운 딸 하나 열 아들 안

부럽다"고 회유한다. 이 기조는 1990년대에까지 이어지며 "엄마 건강 아기 건강 적게 낳아 밝은 생활"을 하라고 하지만 이 무렵 우리 국민들은 국가시책에 너무 잘 호응하여(?) 그럴 바엔 아예 아이를 낳지 말자는 분위기가 팽배해진다. 그러자 2000년대 들어 "아빠! 하나는 싫어요. 엄마! 저도 동생을 갖고 싶어요"라며 아이들을 내세워 호소하며 "낳을수록 희망가족 기를수록 행복가족"이라고 설득한다.

흔히 한 부부에게 있어 이상적인 자녀수를 2명이라고들 하는데, 우리나라 자녀수는 이미 2명 이하로 내려갔을 뿐만 아니라 무자녀 가정도 늘어나고 있다. 연평균 인구증가율이 1% 미만으로 떨어진 것이 1990년 이후부터이니 인구감소를 걱정하지 않을 수 없는 상황이다.

현재 우리나라 인구는 약 5천만 명이라고 부르는데, 실제로 5천만 명을 돌파했다. 2010년 9월 30일 오전 10시 3분 현재 경기도 부천시 오정구 신흥동주민센터에서 9월 13일에 태어난 김아무개 여자아이가 출생신고를 함으로써 5000만 번째 주민등록등록자가 나왔던 것이다. 가뜩이나 저출산으로 골머리를 앓고 있는 이때에 인구 5천만 명 돌파는 큰 의미가 있어 보인다.

하지만 저출산과 고령화의 영향으로 우리나라 인구는

2018년부터 감소세로 돌아설 것으로 예상되고 있다.

그동안의 출산율을 살펴보면 인구 감소 추세의 심각성을 알 수 있다. 1970년 4.53명이던 우리나라 출산율은 1975년 3.43명, 1980년 2.82명, 1985년 1.66명, 1990년 1.56명, 1995년 1.63명, 2000년 1.47명, 2007년 1.25명, 2008년 1.19명, 2009년 1.15명이었다. 고출산 국가인 프랑스의 1.89명, 스웨덴의 1.71명과는 비교가 안 되며, OECD국가평균인 1.6명보다 낮고, 저출산 국가로 알려진 독일의 1.42명보다도 낮다.

이런 추세에 따라 노동력 감소 또한 심각한 수준이 될 것으로 예상된다. 한국은행과 통계청이 최근에 내놓은 자료에 따르면 핵심 생산 가능인구가 지난 2007년 2천66만 명을 정점으로 지난해부터 계속 줄어 이 추세대로라면 2011년이면 4년 만에 71만 명이 감소해 2천만 명 미만으로 떨어질 것이라고 한다. 2025년까지 추산한 바로는 거의 5년 간격으로 100만 명씩 줄어든다는 계산이 나온다. 경제협력개발기구(OECD) 최하위(30위) 출산율은 향후 경쟁국보다 빠른 노동 감소를 겪게 된다는 것을 의미한다.

그런데 '희망'이니 '행복'이니 하는 따위의 추상적인 낱말로 출산을 호소하여서는 출산율을 높이기에는 한참 역부족이라는 생각이 든다. 자식이 많으면 가정이 다복해진다는 것쯤은 귀동냥으로 알고 있지만 가정의 다복함이 아이를 많이 낳기만 하면 저절로 이루지는 것이 아니기에 이 같은 구호는 공염불일 수밖에 없다.

그렇다면 요즘 젊은 부부들은 왜 아이 낳기를 기피할까. 그 배경과 원인을 곰곰 생각해보고 그걸 바탕으로 하여 적절한 대안을 마련하여야 할 것이다.

먼저 여성의 사회 진출이 많아졌음에도 일하는 여성들의 육아문제 해결책이 없다는 점이다. 아이를 제대로 키울 수 없는 환경에서 아이를 낳기란 대단한 용기가 필요하다. 따라서 출산을 늦추거나 기피하게 된다. 물론 가부장제적 관념의 약화와 개인주의적 성향의 심화 같은 다른 사회적 요인도 있겠지만 여성의 사회적 진출 확대가 출산율 저하의 한 원인임에는 틀림없다.

또한 아이를 양육하는데 들어가는 비용이 만만치 않다. 내 아이가 남에게 뒤처지지 않게 하기 위한 부모의 필사적인 양육은 결국 사교육에 의존할 수밖에 없고 사교육은 돈이 있어야 가능하다. 그러니 많이 낳으려고 해도 낳을 수 없는 상황이다. 오죽하면 요즘엔 아이가 곧 부의 척도라는 말까지 등장했겠는가.

한 결혼정보업체가 조사한 바에 따르면, 출산장려정책 1위가 바로 '육아휴직'제도였다는 결과가 시사 하는 바가 크다. 결국 아이를 잘 기를 수 있는 환경이 중요하다는 의미이다.

그래서 난 이제는 출산에 관한 구호를 바꾸어야 한다고 생각한다. 이렇게 말이다. '아이를 낳아만 주십시오. 국가가 책임지고 잘 기르겠습니다.'

이젠 국가가 직접 나서서 출산과 양육에 나서지 않으면 안 된다. 최근에는 각 지방자치단체들이 앞 다투어 출산장려정책을 펴는데, 그 대표적인 것이 출산장려금 제도이다. 그런데 이것도 지자체마다 달라 최저 5만원에서 최고 1,000만원까지 지급하는 등 최고 20배의 차이를 보이는 등 일관성이 없다. 물론 인구가 줄어드는 지자체의 경우 인구를 늘리기 위한 안간힘에서, 인구가 너무 많이 느는 지자체의 경우 남들이 다하는데 안하면 이상하니까 생색내기 차원에서 할지도 모른다. 또 지자체의 재정자립도에 따라 차등이 있을 수밖에 없다. 이런 문제는 국가는 가만있고 지자체에서 담당하기에 생긴 괴리다.

이제부터는 국가가 아이를 키운다는 방향으로 생각을 전환하지 않으면 우리나라는 머지않아 성장잠재력을 잃어버리고 후진국으로 전락할 것이다. 그래서 국가가 출산과 육아정책에 적극 나서야 하는 것이다.

복지전달시스템에 문제 있다

얼마 전 친구인 A시의 자치단체장으로부터 한 달에 600만원 가까운 복지수당을 받는 가구가 있다는 얘기를 듣고 놀란 적이 있다.

그는 "정부부처의 어떤 과에서는 이런 명목으로, 또 지방자치단체의 다른 과에서는 저런 명목으로 돈을 주고 있다"면서 "쏟아지는 복지예산을 주체 못해 집행에만 급급한 공무원들의 실적주의와 중복집행 등에 대한 검증시스템이 개선되지 않고 있다"고 그 실상을 토로했다.

얘기를 듣고 보니 내가 공직에 있으면서 서울의 어떤 구청의 기능직 공무원 한 사람이 26억 원에 이르는 장애인 보조금을 횡령한 사건을 적발한 기억이 새삼스러이 떠올랐다. 그는 상급자들이 각종 사회복지 관련 보조금 지급에 무관심한 점을 이용하여 컴퓨터 시스템을 조작하는 수법으로 거액의 장애인 보조금을 횡령할 수 있었다. 어떻게 오랜 기간(10년 이상) 동안 한 사람이 그렇게 큰돈을 횡령하는 데도 전혀 체크가 되지 않았을까. 그것은 복잡한 복지전달시스템에서 비롯된 필연적인 결과라는 것이 내 생각이다.

기초생활수급자, 장애인 등 사회취약계층을 대상으로 한 사회복지 및 보건의료서비스가 무려 100가지에 가까워 담당 공무원조차 어떤 사업이 있는지조차 파악하지 못할 구조이다.

충남의 한 군에 거주하는 김아무개씨의 경우, 5인 가구인 그는 얼마 전 각종 복지수당을 합쳐 590만 원의 국고지원금을 받았다고 한다. 생계비 79만 원, 주거비 21만 원, 장애아동수급비 20만 원, 미숙아 지원 220만 원, 의료비긴급복지지원비 200만 원, 양곡지원비 4만 1000원, TV수신료 및 주민세 면제 26만 원, 의료급여 26만 원 등이 그 상세내역이다.

대구시 수성구에 사는 강아무개씨의 경우도 이와 크게 다르지 않다. 6인 가족인 그의 경우 기초생활생계주거급여 136만 원, 중증장애인 수당 32만 원, 기초노령연금 88만 원 등 매월 260만원을 수령하고 있다.

이렇게 수많은 종류의 사회복지 급여를 수요자에게 직접 집행하는 시군구에서는 통상 1~2명의 공무원이 담당하고 있어 전형적인 '깔때기 식 행정'의 표본이 되고 있다.

깔때기는 물이나 어떤 액체를 병에 담을 때 흘리지 않고 효율적으로 담을 수 있는 좋은 도구인데, 위에 얼마의 양이 있든 내려가는 것은 일정하게 정해져 있기 때문에 공무원 한두 사람이 이 많은 양을 감당하기엔 역부족이고, 그러다 보면 역량을 넘어서는 업무로 인해 그 집행이 투명하고 효율적으로 이루어지길 기대하는 것 자체가 애시당초 무리가 아닐까 싶다.

보건복지가족부 15개 과가 각기 사업비를 전국 16개 시도에 내려 보내고, 각 시도는 다시 시군구 기초단체에 내려 보내는 식으로 복지정책을 집행하다 보니 일반 국민은 사실 어디 가서 어떤 서비스를 받을 수 있는지도 알기 어렵다.

이처럼 우리의 복지행정체계가 불투명하고 공급자 위주로 되어 있기 때문에 세금 주머니를 차고앉은 공무원들이 행세를 하는가 하면 심지어 횡령하는 사고의 개연성이 높을 수밖에 없다. 반면에 지원받아야 할 빈곤층은 대통령에게 편지라도 쓰지 않으면 도움을 받지 못하는 일이 벌어지는 것이다.

앞에서 예를 들었던 횡령공무원으로 인해 정부는 사회복지전달체계에 대해 전반적으로 점검하고 개선안을 내놓았다. 그 주요 내용 몇 가지만 살펴보면, 사회복지 지원금을 횡령한 공무원은 최대 5배를 징계금으로 물어야 하고, 복지지원금을 받는 계좌는 하나로 통일했다. 또한 9개 정부 부처에서 시행중인 249개 복지사업은 159개로 통폐합하였는데, 가령 보건복지부의 신생아건강지원사업이 선천성 대사이상 검사·미숙아 및 선천성 이상아 의료비 지원·신생아 난청 조기진단 지원 등 3개에서 서로 다르게 적용되던 소득기준을 정비하여 1개로 통합하는 식이다. 또한 시행과정에서 각 부처간 서로 연계되지 않아 서로 다른 행정기관에서 비슷한 사업을 중복 진행하면서 발생하는 중복지원이나 아예 대상에서 누락되는 것을 방지할 수 있도록 하였다.

또한 사실 아무리 제도를 효과적으로 뜯어고쳐 복지전달체계가 개선되었다 할지라도 이를 담당할 공무원의 숫자가 지금과 같다면 그 효과는 반감될 수밖에 없다. 보건복지부에 따르면 지금은 어떨지 모르지만 2009년에 공무원 한 명이 복지수혜자 691명을 담당하고 있었다고 한다.

경제위기로 새로운 빈곤층이 등장하면서 복지예산 규모는 더 늘어나고 있다. 전달체계를 근본부터 개선하지 않는 한 복지관련 부조리를 없애기는 어려울 것이다. 복지행정의 투명성을 높이고 공급자 위주로 쪼개진 서비스를 이용자 위주로 알기 쉽게 개편해야 한다. 나아가 현재 여러 곳으로 나뉜 국민연금 건강보험 고용보험 산재보험 등 4대 보험관리기관도 한 군데로 통합하는 방안을 논의해야 한다. 국민이 복지제도에 쉽게 접근하고, 운용의 불투명성과 비효율을 줄일 수 있는 대책이 시급하다.

지방정부와 복지예산

부자로 알려진 경기도 성남시의 모라토리엄 선언은 여러 가지로 우리 사회에 충격을 주었다.

흔한 말로 대마불사라는 그동안의 우리 사회의 믿음이 언제든지 현실화할 수 있는 대마도 죽는다는 사실에 대한 냉정한 인식의 전환을 요구하였다.

성남시 이재명 시장은 2010년 7월 12일에 판교신도시를 개발하면서 토지주택공사(LH공사)에 진 빚을 "일시변제 또는 단기간 변제가 불가능하여 '지불유예(모라토리엄)'를 선언"했었다.

성남시의 이 같은 지불유예 선언에 대해 '지방정부가 국가재정을 거덜낸다'는 등의 비난과 지방정부의 파산 우려를 걱정하는 소리가 높았다. 일부에서는 지불유예를 '채무불이행'

즉 파산을 의미하는 '디폴트(Default)'로 오인하여 소모적 논쟁이 일기도 하였다.

가뜩이나 국가채무가 많다는 지적이 여기저기서 터져 나오고 있고, 지방자치단체들이 자신들의 재정상황은 고려하지 않은 채 호화청사 짓기에 열 올리며 돈을 흥청망청한다는 지적이 거세게 이는 가운데 성남시의 선언이 나와서 우려의 목소리가 점차 힘을 받는 형국이다.

하기야 성남시는 호화청사의 대명사로 이미 국민들이 입에 회자되어 화제가 된 바 있었기에 판교특별회계 핑계를 곧이곧대로 받아들기는 어려운 구석이 있었다. 물론 현 시장이 모든 책임을 져야 하니 전임 시장이 저지른 일에 대해 거리두기 차원이라는 분석도 그럴 듯 해보인다.

하지만 저간의 사정은 어떠하더라도 성남시가 가용예산의 1.5배에 이르는 5,200억 원을 변제하기 어려우니 기다려달라는 호소는 사안의 본질을 드러내는 팩트라는 점에서는 지방정부의 재정운용 방식과 이로 인해 직격탄을 받게 되는 것은 복지예산이라는 점에서 우려를 더한다.

이러한 걱정에 공감하면서도 근거가 없거나 핵심이 잘못된 지적도 적지 않다는 생각을 지울 수 없다. 흔히 지방재정의 위기를 자치단체장의 선심성 사업 결과 내지 방만한 재정운영에 기인하는 것으로 파악하고 중앙정부의 통제를 강화해야 한다고 한다. 나로서는 이에 완전히 동의하기 어려운 점이 있다.

최근 국회예산정책처 보고서는 지방자치단체의 재정난 원인을 규명했다. 국가의 감세정책, 부동산거래세 감소, 지방세 감면정책 등으로 인해 2009년에만 약 7조원의 세입이 감소된 것을 주요 원인으로 지적했다. 또 경기활성화를 위한 지출확대, 사회복지 지출 증가, 국고보조금에 맞춰 늘려야 하는 지방대응비 증가 등 세출이 늘어난 점도 꼽혔다. 중앙정부는 기초노령연금, 기초생활보장비 등 사회복지분야의 지방정부부담을 2008년 123.4조원에서 2009년 172.7조원으로 무려 40% 가까이 늘렸다. 또한 최근 6년 동안 지자체 사회복지예산은 연평균 15.5% 증가하고 있는 반면 지방이양 사회복지사업 재원으로 쓰이는 분권교부세율은 연평균 8.2%에 그친 것으로 나타났다. 이러한 사실은 지방정부의 재정위기가 단순히 지자체 재정운영의 방만성에 기인한 것이 아니라는 것을 반증하는 것이다.

지방자치란 자기 재원으로 자기 살림을 사는 것이다. 그러나 우리나라 지방재정구조는 철저하게 중앙정부에 의존하는 형태로 운영되고 있다. 거의 모든 세금을 국세로 하고 지방세는 쥐꼬리에 불과할 정도인데, 그 비율은 8대 2다. 원천적으로 지방세 수입만으로는 살림을 살 수 없는 구조다.

우리나라는 1995년 최초 지방자치제도를 도입할 당시부터 지방재정을 중앙정부에 의존하도록 만들어졌었다. 그 결과 지방자치단체의 재정자립도는 30%대에 머물고 있다. 실제 시·군·구 중에서 60%의 재정자립도를 이룬 지자체가 30% 미만이고, 자체 수입만으로 직원 인건비마저 해결하지 못하는 시·군·구가 무려 40곳에 이른다.

지방자치단체의 재정난의 원인에는 일부 자치단체장이 선심성 예산을 집행한 것도 있을 것이다. 그러나 국세는 너무 많고 지방세는 너무 적은, 즉 세원의 불균형이 재정난의 근본 원인이라 할 수 있다.

경로당운영, 장애인복지관 운영, 아동시설운영, 노숙자보호, 정신요양시설 운영, 기초생활수급자에 대한 각종의 사회복지급여 지급 등 각종의 사회복지 사업은 대부분 기초자치단체를 통하여 집행된다. 따라서 복지사업의 수행주체는 지방자치단체라 해도 과언이 아니다.

사회복지사업을 위한 사업비는 충분히 수행주체에게 배분되어야 한다.

그런데 각종의 사회복지사업을 지방에 이양해 놓고 이를

오륜교회 늘푸른대학 어르신학생들의 부채춤.

위한 사업비는 부족하게 배분됨으로써 지방자치단체는 사회간접시설 확충 등 기초적인 지방사업을 포기하고 사회복지사업에 모자라는 지방비를 동원하고 있는 현실이다.

이를 위한 해결 방안으로 국회예산정책처 보고서는 노인·장애인·정신요양 생활 시설 운영 등과 같은 사업은 국고보조사업으로 환원하는 것이 효율적이라고 하고 있다. 그러나 기초생활자 구호, 노인 장애인보호 등 사회복지사업은 기본적으로 지방정부가 해야 할 사업이다. 따라서 지방세, 지방교부세, 국고보조금에 대한 개혁을 통해 지방재정난을 해결하여 지방정부가 사회복지사업을 효율적으로 수행하는 방안을 마련하여야 할 것이다.

두 마리 토끼 잡는 기업이 있다

아직은 낯설지만 그래도 사람들의 입에 회자되기 시작하는 새로운 기업의 개념이 있다. 사회적 기업이 그것이다. 사회와 기업이 함께 들어있는 개념인데, 공공의 냄새가 짙은 '사회'라는 뉘앙스와 개인의 이익으로 대변되는 '기업'의 만남, 얼핏 보아 형용모순이다. '둥근 사각형'처럼 말이다.

이미 알고 있는 독자들도 있듯이 '사회적 기업'은 분명히 '이윤을 추구'하는 기업이라는 점에서 무늬는 보통의 기업과 다를 바 없지만 이익의 대부분을 '사회적 역할'을 위해 재투자하는 것이 다르다. 그래서 이 사회적 기업은 '복지' 차원에서 거론되는 것이 맞을 성 싶다.

1978년 영국의 프리어 스프렉클리(Freer Spreckley)에 의해서 사회적 기업(Social Enterprise)이라는 용어가 처음 만들어진 이후 1981년 비치우드대학(Beechwood College)에서 발행한 『공동작업을 위한 관리도구(A Management Tool for Co-operative Working)』라는 '사회적 감사' 책에서 활용되면서 널리 알려지게 되었다고 한다.

프리어는 사회적 기업을 이렇게 정의했다.

"일정한 지역에 거주하거나 그 지역에서 일을 하고 있는 사람들이 소유한 기업이 상업적 목적과 마찬가지로 사회적으로 등록되고 그리고 공동작업으로 목적을 행하는 기업을 사회적 기업으로 정의될 것이다.(An enterprise that is owned by those who work in it and/or reside in a given locality, is governed by registered social as well as commercial aims and objectives and run co-operatively may be termed a social enterprise.)"

그리고 프리어 스프렉클리는 클리프 사우스콤(Cliff Southcombe)과 함께 1997년에 최초의 사회적 기업인 'UK Social Enterprise Partnership Ltd'를 설립한다.

그렇다. 사회적 기업은 우리가 알고 있는 전통적 기업에 대한 인식과는 거리가 한참 멀다. 앞에서 복지 차원에서 접근을 해야 한다고 말한 이유가 분명해진다.

전통적 개념에 비추어 보면, 통상 자본이 노동을 고용한다(Capital hires labour). 그러나 사회적 기업은 그 반대다. 즉 노동이 자본을 고용한다(Labour hires capital).

사회적 기업 하면 빼놓을 수 없는 사람이 있다. 『히말라야 도서관』(원제 : Leaving Microsoft to Change the World, 세종서적 펴냄)이라는 책으로 잘 알려진 존 우드(John Wood)가 그다. 그는 네팔, 베트남, 캄보디아, 라오스, 스리랑카 등지에 약 4000여개의 도서관과 300여개의 학교를 세운 '룸투리드(Room to Read)의 설립자이다.

그는 한때 잘나가던 마이크로소프트 중국지사의 2인자였는데, 심신을 달랠 겸 떠난 여행에서 네팔의 진짜 속살을 보고 싶다는 열망에 우연히 만난 네팔 교육부 공무원을 따라 나섰다가 쓰러져가는 학교에서 책 없이 공부하는 아이들을 보고 충격을 받는다.

그러고 나서 그가 한 첫 번째 일은 마이크로소프트를 그만두고 사회적 기업인 룸투리드를 세우는 것이었다. 이후 룸투리드가 이룬 성과에 대해서는 굳이 언급하지 않더라도 독자들이 상상하는 그대로다.

이런 사회적 기업이 우리나라에 본격 도입되기 시작한 역사는 매우 일천하다. 2007년 1월 '사회적 기업 지원 법안'이 시행되면서 '사회적 기업 육성위원회'의 공식 인증을 받는 사회적 기업이 만들어지기 시작했다.

우리의 법에서 규정하는 사회적 기업은 두 가지 요건을 충족시켜야 한다. 하나는 사회적 목적을 우선적으로 추구해야 하고, 또 하나는 영업 활동을 하는 기업이어야 한다.

다시 말해 사회적 목적에 더 방점이 찍혀있다. 따라서 기업이 실현한 이익도 상당부분을 사회적 목적에 재투자해야 한다.

그래서인지 지금 우리나라에서 흔히 회자되는 사회적 기업은 고용 없는 성장의 반복과 청년실업, 장애인 취업 등에 치중하는 편이다.

그러면서 최근 들어 대기업들에 사회적 기업에 대해 큰 관심을 가지면서 직접 투자에 나서는 곳도 있어 반갑다. 특히 에스케이나 현대기아자동차그룹, 포스코 등은 매우 적극적이어서 사회적 기업을 직접 설립하거나 지원한다는 소식이다.

현대기아차 같은 경우는 사회적 기업을 적극 발굴하여 2012년까지 일자리 1천개를 만드는 한편 그동안 직접 설립해 운영해오던 노인, 장애인 활동지원 사회적 기업인 '안심생활'을 전국 24곳으로 늘린다고 한다.

그뿐이 아니다. 최근에는 지방자치단체도 사회적 기업 활성화를 위해 적극 나서고 있다는 반가운 소식이다. 정부 역시 지자체가 사회적 기업을 발굴 육성하면 적극 지원하겠다는 입장이어서 사회적 소외계층에 반가운 단비다.

사회적 기업이 추구해야 할 가치가 무엇인지는 분명해지는 것 같다. 조직의 주된 목적이 일자리 제공형이든, 사회서비스제공형이든, 아니면 이들의 혼합형이든 간에 정말 도움이 필요한 사람에게 적절하게 제공되는 것이 무엇보다 중요하다.

더더욱이 사회적 기업도 기업이라는 측면에서 반드시 고려해야 할 사항은 경영이라는 본연의 역할을 제대로 수행해야 한다. 자칫 기업이 망하면 그 피해는 고스란히 사회의 몫으로 돌아가기 때문이다.

'사회적 기업에서 근무하면 비록 월급이 적더라도 정신적 만족도가 높아 많은 월급을 받는다고 생각하는 사람들이 많다'는 한 활동가의 전언은 우리 사회가 지향해야 할 가치가 무엇인지를 새삼 느끼게 한다.

노인장기요양보험

옛말에 긴 병에 효자 없다고 했다. 아무리 효심이 뛰어난 자식이라도 부모가 오랫동안 병석에 계시다면 시종일관 똑같은 마음으로 효도를 다하기 어렵다는 뜻이다. 그런데 이 말은 우리의 평균수명이 그다지 길지 않을 시절에 만들어졌다는 점에서 시대를 초월하는 혜안에 감탄이 저절로 난다.

요즘은 평균수명도 예전에 비해 엄청나게 길어져서 우리 사회도 소위 '노령사회'에 들어갔음은 주지의 사실이다. 그렇다면 많은 집안에는 나이 많은 부모가 생존해 계시다는 것일터, 많은 효자들이 부모 봉양에 전심전력하고 있을 것이다.

연로하신 부모가 건강하게 자신의 몸 건사를 할 수 있다면 그래도 다행이겠지만 나이가 많이 들면 온몸이 고장 나기 일쑤여서 누군가의 도움의 없이 생활하기가 매우 어렵다.

특히 치매나 거동이 어려운 어른들의 경우 자식이든 어쨌든 누군가가 옆에서 수발을 들지 않으면 아무생활도 영위할 없기에 문제의 심각성을 더해준다.

내가 아는 이아무개씨도 그런 어려움을 안고 있었다. 이씨는 집안 사정으로 처남이 병환 중인 장인을 모실 수 없어 사위도 자식이라는 생각에서 아무 생각 없이 장인과 장모를 모셔와 함께 살고 있다. 애초 순수한 마음에서 모셨지만 그 역시 시간이 갈수록 힘에 부친다는 것을 느꼈다. 처남네 식구들이 잘 오지도 않고 관심조차 갖지 않은 것에 서운함마저 쌓이기 시작했다.

그런데 더 큰 문제는 장인은 만성신부전증을 앓고 있어 1주일에 3번은 병원에 가서 혈액투석을 받아야만 하는데, 이씨 집으로 들어올 무렵만 해도 장인은 옆에서 부축하면 걸어서 대중교통을 이용해 병원을 다녀올 수 있었다. 그런데 한 해 두 해 가면서 장인의 기력이 떨어지더니 3년 전부터는 혼자서 일어나지도 못한다. 당연히 걸을 수도 없다. 상황이 이 지경에 되자 문제는 그동안 장인 장모가 스스로 병원 출입을 하던 것을 누군가 자동차로 모셔가고 모셔오지 않으면 꼼짝도 할 수 없는 지경에 이르렀다.

그래서 이씨는 병원에 연락해 아침 일찍 가기로 하고 출근하는 길에 병원에 모셔 드리고, 오실 때는 이씨의 아내가 병원으로 가서 택시 타고 귀가하였다. 참고로 이씨 아내는 운전면허증이 없다.

이건 정말 너무 힘들었다. 새벽에 모시고 나가는 것이야 그런대로 견디지만 문제는 올 때 소요되는 비용과 인력낭비가 정말로 장난이 아니었다. 투석비 등 병원비에다 택시로 다녀야하는 교통비가 만만치 않았던 것.

이렇게 3년 정도 지나자 이씨에게 한줄기 희망이 찾아왔다. 바로 노인장기요양보험이었다. 누군가에게서 건강보험에 문의해보라는 정보를 얻고 곧바로 찾아가 상담했는데, 이건 정말 큰 도움을 얻을 수 있었다.

그는 보험이라는 말에 개인부담이 있는 줄로 알았는데, 의료급여수급권자의 장기요양보험료는 정부가 부담하였고, 더더욱 그를 감동시킨 것은 등급 판정을 받으면 각종 혜택이 주어지는데, 환자에게 필요한 의료기구를 보조를 받아 구입할 수 있고, 또 간병인의 도움을 받을 수 있었기 때문이다.

그래서 이씨는 즉시 가입하고 검진한 결과 3등급을 받아 환자용 침대나 변기, 휠체어 등 의료기구들을 적은 부담으로 구입하였고, 간병인의 도움으로 병원을 오가게 되었다고 한다.

'수발보험'이라고도 불리는 노인장기요양보험은 2008년 7월 1일부터 시행되었는데, 많은 사람들이 모르고 있는 실정이다. 그래서 이씨는 이후 노인장기요양보험 홍보역을 자임한단다.

고령이나 노인성 질병 등으로 인하여 일상생활을 혼자 수행하기 어려운 노인 등에게 신체활동 또는 가사지원 등의 장기요양급여를 사회적 연대원리에 의해 제공하는 사회보험인 이 보험에는 65세 이상의 노인이나 노인성 질병을 가진 64세 이하의 환자가 신청 가능하다.

노인장기요양보험제도는 수급자에게 배설, 목욕, 식사, 취

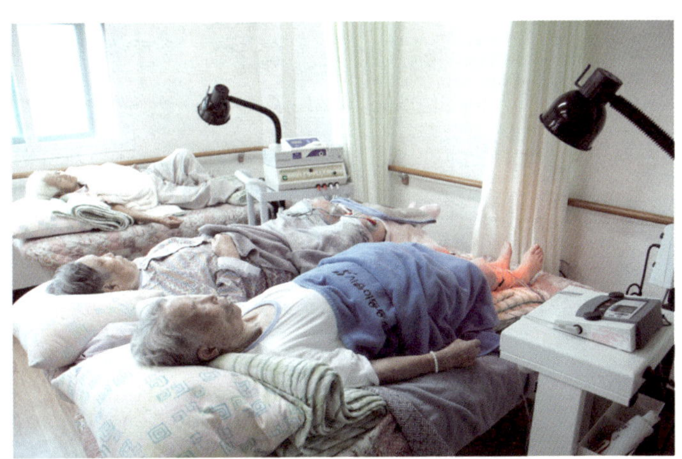

노인장기요양보험제도(미오림사회복지재단 제공).

사, 조리, 세탁, 청소, 간호, 진료의 보조 또는 요양상의 상담 등을 다양한 방식으로 장기요양급여를 제공한다.

잘 모르는 사람들을 위해 가입절차를 살펴보자. 장기요양 인정을 받고자 하는 사람은 국민건강보험공단에 장기요양 인정 신청서를 제출하면 국민건강보험공단은 직원이 직접 방문하여 장기요양 인정 신청인의 심신상태, 필요한 장기요양급여의 종류와 내용 등을 조사한다. 그러면 장기요양등급 판정위원회에서는 이 조사자료를 근거로 판단하여 6개월 이상의 기간 동안 타인의 도움 없이 일상생활을 수행하기 어렵다고 인정되는 경우 수급자로 결정하고, 심신상태와 장기요양이 필요한 정도에 따라 장기요양등급을 판정한다.

장기요양급여에는 재가급여, 시설급여, 특별현금급여가 있다. 재가급여비용의 15%, 시설급여비용의 20%를 이용자가 부담하여야 한다. 의료급여수급권자나 소득 및 재산이 일정 금액 이하인 자 등은 부담금을 감경받는다.

대학생 신용등급이 위험하다

우리네 서민가계에서 가장 많은 비중은 차지하는 것은 무엇일까? 정확한 수치로 따져보면 알 수 있겠지만 우리의 심증은 아무래도 교육비가 아닌가 싶다.

교육비라 함은 자녀들이 학교를 다니거나 학업을 위해 지출하는 비용을 말하는 것일 터, 그 비용이 가계에 부담이 된다는 것은 비정상이다. 중학교까지 의무교육인 점을 감안하면 웬 교육비 하겠지만 공교육비가 아니라 사교육비, 즉 학생 개인이 학업을 위해 선택하는 이른바 학원수강비 등이 우리나라 주요 산업군에서 전체 시장규모가 꽤 큰 업종이라는 것쯤은 이제 상식이다.

그런데 여기서 말하려는 것은 이런 사교육비가 아니가 많은 사교육비를 들여 힘겹게 대학에 들어간 대학생들의 학비

대학도서관

에 대한 것이다.

대학등록금이 한해 1천만 원에 육박하는 현실에서 대학을 보내기 위해 허리띠를 졸라맸던 부모들은 대학에 합격했다고 해서 기뻐만 할 수 있는 처지가 아니다. 합격이란 말에 날아갈 듯 하지만 이내 날개가 비를 잔뜩 맞아 날개짓하기가 너무 힘들어 솟구칠 수조차 없기 때문이다.

특히 서민들이 갖는 체감 등록금 부담은 너무 크다. 해서 정부에서는 각종 지원책을 만들고 있는데, 이 중 대표적인 것이 학자금 대출제이다. 그런데 이 학자금 대출제가 생각보다는 여러 가지 면에서 부작용이 있다.

학자금 대출제는 한 마디로 말하면 대학등록금을 은행 같은 금융기관에서 대출을 받아 납부하는 제도인데, 2009년에 그나마 취업 후에 학자금 상환하는 제도가 도입됐다. 이 제도는 등록금 대출을 받고 나서 거치기간에는 이자를 전혀 내지 않고 취업을 하여 일정소득이 생겨야 원금과 이자를 갚도록 하는 제도이다. 또한 1인당 학자금 대출한도액도 없어져서 원하는 등록금 전액을 빌릴 수 있고, 기초생활보장 수급자에게는 대출금 외에 연 200만원의 생활비가 무상으로 지급된다.

그런데 우선 문제 되는 것이 등록금 대출은 무조건 취업 후 상환제도로 바뀌어 조기 상환하고 싶어도 할 수 없어 결국 장기간에 걸쳐 대출을 하는 것이므로 이자부담이 크다.

더욱 큰 문제는 이 학자금 대출이 많은 수급자들에게 신용등급 하락을 초래한다는 사실이다. 등급 평가 시 학자금 대출은 장기부채로 평가되기 때문이다. 이는 사회생활을 하기도 전에 신용상 불이익을 안고 출발하는 것이다. 신용등급은 금융기관과 거래 시 이자 등에 직접적인 영향을 주는 것이므로 결국 비용증가를 가져오게 된다.

신용평가회사들은 대출을 받기만 하면 일단 신용등급을 하락시키면서 이자 등을 연체하지 않고 성실납부하여도 이 같은 것은 신용평가에 거의 반영하지 않는다고 한다.

학자금을 대출받는 대학생은 해마다 증가추세에 있다고

한다. 교육과학기술부에 따르면 지난 2006년에는 51만4000명이던 것이 2007년에는 61만5000명, 2008년에는 63만5000명, 2009년에는 67만5000명인 것으로 나타났다.

한편 많은 대학생들은 이런 점에 대해 적잖은 불만을 갖고 있는 것으로 나타났다. 전국등록금대책네트워크(이하 등록금넷)과 참여연대, 민주당 안민석 의원실 등이 함께 전국 52개 대학의 대학생 1621명을 대상으로 실시한 조사에 따르면, 88.6%가 직간접적으로 등록금 문제를 심각하게 느끼고 있다고 답했다. 또 학생들이 지고 있는 '빚'도 상당한 것으로 조사됐는데, 72.2%가 학자금 대출을 받아본 경험이 있다고 했다.

특히 학자금 취업 후 상환제도에 대해서는 전체 응답자의 절반 이상인 52.3%가 이 제도에 대해 불만족스럽다고 답변을 했고, 그 이유로는 높은 금리(24.3%), 군복무 등 이자 적용(13.9%), 복리이자(13.5%), 성적기준 B학점 이상(11.1%) 등을 꼽았다.

문제는 대학들의 등록금이 비싸다는데 가장 근본적인 문제가 있다. 해서 대학들이 모든 것을 학생들의 등록금에만 의존해 운영하려는 발상을 바꾸고 재단 등에서 전향적인 지원책이 마련되어야 한다. 아울러 장학사업 등 실질적인 도움이 될 수 있는 각종 복지적 대책이 활발히 마련되어야 한다.

물론 취업 후에 상환하는 현행 등록금 대출제를 조기상환이 가능하도록 보완하고, 또 대출기관들의 돈놀이식 접근을 지양하고 학생들에게 실질적 지원이 될 수 있는 이자정책 등이 병행되어야 한다.

그리고 2010년 9월 교육과학기술부에서 학자금 대출한도를 제한하는 30개 대학의 명단을 발표했는데, 이건 결국 대학의 부실경영의 책임을 아무 죄 없는 학생들에게 묻는 것이어서 너무도 어처구니가 없다. 재단을 처벌할 일을 학생들의 등록금을 볼모한다는 것은 어떤 이유로도 정당화될 수 없다고 본다.

또 대학들의 부도덕성은 등록금 카드납부를 외면하는 것에서도 알 수 있다. 참고로 살펴보면, 교육과학기술부가 지난 2010년 대학 정보를 공개한 결과, 4년제 일반대학 189개 중에서 신용카드 납부를 받고 있는 대학은 33곳에 불과했다고 한다.

대학들이 진정 학생들을 생각하는 대학으로 발상부터 전환하는 것이 시급하다.

엄마품 돌봄 서비스

요즘 젊은 부부들에겐 이젠 맞벌이는 기본이다. 일자리 찾기가 쉽지 않아서 그렇지 일할 수만 있다면 주저하지 않고 선택한다. 자신의 자아를 실현하면서 동시에 가계소득의 증대로 인한 안정된 경제생활을 영위할 수 있는 일거양득의 효과가 있기 때문이다.

그런데 이런 맞벌이 부부들에게 있어 가장 큰 고민은 바로 아이 양육문제이다. 아직까지는 많은 맞벌이 부부들은 아이를 친부모나 친정부모에게 맡긴다. 출근전쟁이 끝난 시간에 노인 부부가 아이를 유모차에 태워 동네를 산책하는 모습은 흔한 모습이다. 어쩌다 아이가 화가 나 기를 쓰고 울면 이를 달래느라 곤욕을 치르는 모습도 가끔 볼 수 있는 풍경이다.

하지만 이젠 은퇴하여 자신들만의 삶을 즐겨야 할 노인들이 손자 손녀 돌보느라 중노동 아닌 중노동을 해야 하는 것이 과연 바람직한가 하는 생각이 든다. 제 손자 손녀 돌보는 게 당연한 거 아니냐고 할지 모르지만 그건 아닌 것 같다. 또한 노인들이 손자 손녀 양육을 맡으면서 젊은 며느리이나 딸과 양육에 대한 관점이 서로 달라 상당히 갈등을 겪는 경우도 흔하다고 한다.

일전에 지인으로부터 들은 이야기다. 시골 출신 남자와 결혼한 도시 출신 며느리가 맞벌이 하느라 아이를 시골에 계신 시댁에 맡겼다고 한다. 시골이란 곳이 집이나 모든 것이 청결과는 좀 거리가 있기 마련인데, 며느리는 평소에도 이런 것들에 대해 잘 적응하지 못하였다고 한다. 그날도 주말 밤늦게 시댁으로 아이를 보러 온 며느리는 보지 말아야 할 장면을 목격했다. 과자를 먹고 난 아이가 끈적거린다고 하자 할머니가 방걸레를 들더니 아이의 손을 샅샅이 닦아 주더란다. 이를 본 도시 며느리는 기겁을 했고, 곧바로 "어머니, 걸레로 아이 손을 닦으면 어떡해요?" 하면서 아이를 데리고 밖에 있는 수도로 나가 씻겨주더란다.

그런데 정작 이 일의 결말은 다음날 일어났다. 다음날 아침상을 물린 다음 아들 부부는 아무 소리도 없이 아이의 짐을 챙겨서 데리고 가더란다. 이 노부부는 애지중지 호호 불며 손자를 키워준 공도 없이 졸지에 손자를 더럽게 키운 할머니 할아버지가 되었단다.

물론 난 이 이야기를 듣고 노부부도 또 젊은 아들 부부도 모두 이해할 수 있다. 누가 잘못했냐 아니냐 탓할 문제가 아니라 현재 우리나라 맞벌이 부부들의 애환과 또 도농 간, 세대 간 문화적 차이를 고스란히 드러내기 때문이다.

그럼 이 젊은 며느리는 아이를 데려다 어디다 맡겼을까. 이 후속 얘기는 전해주지 않아 알 길이 없지만 아마도 내 짐작으로는 유아원 같은 민간 보육시설에 맡겼을 것이다.

그런데 유아원 같은 보육시설에 아이를 보내는 것은 여러 가지로 부담스럽다. 비용도 만만치 않을뿐더러 직장에서 끝나는 시간보다 일찍 아이를 데려와야 하는 경우가 많아서 늘 좌불안석 속에서 일을 해야 한다.

그런 점에서 교육과학부가 내놓은 '엄마품 온종일 돌봄교실'은 이런 맞벌이부부들에겐 가뭄에 단비다.

맞벌이 부모 등을 위해 전국의 유치원과 초등학교에서 아침 일찍부터 밤늦게까지 아이들을 돌봐주는 서비스를 시행하는 것이다.

이 제도는 그동안 주간에만 실시하던 것을 야간 돌봄까지 확대했는데, 야간 돌봄이 서비스는 오후 6시부터 10시까지 유치원생, 초등학생 등 아이들을 돌봐주는 것이다. 또한 오전 6시30분부터 9시까지 아이들을 돌봐주는 '아침 돌봄이'를 도입, 하루 종일 아이들을 봐주는 시스템도 도입한다고 한다.

교육과학부는 현재 유치원 300여개, 초등학교 700여개 등 총 1000여 곳을 지정할 예정이며, 해당 유치원이나 학교에 다니지 않더라도 근처 어린이집 등 인근 다른 아이들도 이용할 수 있는 장점이 있다.

특히 한부모가정이나 결손가정, 기초생활수급자 등 저소득층 자녀의 경우 더더욱 부모의 따뜻한 손길을 받지 못하고 학교가 끝난 후에는 특별히 하는 일 없이 배회하기 일쑤여서 학력과 문화생활의 테두리 밖으로 밀려나기 일쑤다.

그런 겉도는 학생들을 위해 방과 후 교실을 열어 새로운 문화를 경험하게 하고, 또 자신의 소질을 계발하도록 북돋워주는 교육의 가장 기본적 역할을 이 프로그램이 할 수 있어서 꽤 좋은 복지 프로그램으로 보인다.

아울러 야간 돌봄의 경우는 가정의 역할까지 수행할 수 있어서 아이들을 정서적으로도 안정시킬 수 있다.

엄마품 온종일 돌봄 사업의 프로그램은 기본적으로 음악

활동, 특기적성교육, 창의 학습, 미술활동, 기초학습(국어, 수학, 영어, 과학)으로 이루어지며, 아침 돌봄과 오후 돌봄, 저녁 돌봄을 결합한 형태로 교육(Edu)과 돌봄(Care)이 제공된다. 난 평소 아이들 교육은 국가가 맡아야 한다고 생각한다. 흔한 말로 우리나라의 미래는 아이들인데 이 국가의 동량을 부모의 손에만 맡겨놓고 다 교육시켜 소위 사람을 만들어 놓으면 그때서야 국가가 과실을 따먹는 시스템으로는 무한경쟁의 국제경쟁에서 살아남을 수 없다고 본다. 또 출산장려정책이다 뭐다 요란법석을 떠는데 아이를 키울 환경을 만들어놓지 않고 무턱대고 아이부터 낳으라고 한다고 해서 요즘 젊은 부부들이 아이를 낳을 거라고 생각했다면 오산이다.

정책은 엄마품 돌봄 서비스처럼 이렇게 국민들의 가려운 곳을 긁어 주는 것이다.

바우처 제도

낯설기만 하던 '바우처(Voucher)'란 낱말이 이젠 우리의 생활 깊숙한 곳에 자리 잡고 있다. 바우처는 원래 마케팅에서 특정 상품의 판매를 촉진하고 고객의 충성도를 높이기 위해 사용하던 일종의 상품권 같은 것이었다. 우리가 쉽게 만나는 도서상품권이나 문화상품권, 구두상품권, 백화점상품권 같은 것이 그 대표적인 예로, 현물과 교환할 수 있는 증서이다.

그런데 이런 바우처가 요즘엔 사회보장 프로그램에 적극 도입하여 사용하고 있어 경제용어라기보다 되레 복지용어라는 생각이 더 짙게 든다.

사회보장제도에서 바우처 제도가 나오게 된 배경은 사회보장에 사용되는 상품을 판매하는 공급자가 손해를 보거나 또 사회보장제도 수혜자가 정부의 의도대로 움직이지 않을 수 있다는 점을 감안하여 이를 막기 위한 수단으로 강구된 제도라고 한다.

사실 사회보장이 필요한 사람에게 가장 필요한 것은 현금이다. 현금이 있으면 자신이 필요한 물건을 우선적으로 구입하게 되는데, 정부에서 품목을 정해놓을 경우 꼭 필요한 물건이라고 하면 크게 상관없지만 그렇지 않다면 적극적으로 구매하려 들지 않는다.

가령, 시골에서 쌀을 보내주는 친척이 있는 도시에 사는 기초생활보호대상자 할아버지가 있다고 해보자. 이런 경우 정부에서 지원한답시고 계속 쌀만 갖다 준다고 하면 이 수혜자에게 쌀의 의미는 무엇일까. 사람이 살면서 쌀만 먹고 살 수는 없지 않은가. 진수성찬은 아닐지라도 김치 한 가지라도 반찬을 함께 먹어야 한다. 그런데 쌀만 자꾸 갖다 주면 가뜩이나 주거공간이 좁은데 보관하기조차 어렵다. 그렇다고 이 쌀을 내다 팔 수도 없는 노릇이다. 실제 이 쌀을 살 곳도 없다. 이런 상황이라면 당연히 쌀을 가져가라고 해도 이 수혜자는 시큰둥하기 마련이다.

그런 점에서 바우처제도는 이런 단점을 극복하고 실질적인 효과를 발휘할 수 있는 좋은 대안으로 보인다.

바우처제도는 우선 수혜자가 원하는 서비스를 자발적으로 선택하고, 이런 수요의 창출로 인한 공급 증대로 일자리 창출 효과가 있으며, 공급자간의 선의의 경쟁을 유도해 결국 서비스의 질적 개선을 도모할 수 있는 장점이 있다.

현재 우리나라에서 시행되는 사회서비스 전자바우처제도로 2007년에 처음 도입되었으며, 노인, 장애인, 산모, 아동 등에게 제공된다.

주요 서비스 몇 가지를 살펴보면, 임신·출산 진료비 사업인 '고운맘 카드'를 비롯하여 저소득 가정을 대상으로 하는 '산모·신생아 서비스', 혼자 힘으로 일상생활이 어려운 노인에게 가사 및 활동을 돌봐주는 '노인 돌봄 서비스', 저소득층 자녀에 대한 보육료를 지원하는 '아이사랑 카드', 저소득층 가정의 학생들에게 방과후학교 혜택을 제공하는 '방과후학교 바우처', 아이들에게 1 대 1 독서지도를 해주는 '아동인지능력 향상 서비스', 경도 이상 비만인 초등학생이 자기 주도적으로 건강관리를 할 수 있도록 하는 '비만아동 건강관리 서비스' 등이 있다.

또한 문화나 스포츠를 즐길 수 있는 바우처도 있는데, 기초생활수급자와 차상위계층에게 전시나 영화 등을 관람할 수 있도록 지원하는 '문화바우처'와 국민기초생활보장 수급

가구의 만 7~19세의 유소년 및 청소년들을 대상으로 스포츠 시설 이용료와 스포츠 용품 구입비를 지원하는 '스포츠 바우처'가 그것이다.

5년 이상 복무한 후 전역한 예비역에게도 1인당 100만원 범위 안에서 직업 교육을 받도록 지원하는 '제대군인 직업교육훈련 바우처'도 있다.

서비스 이용자는 현금이 아닌 이용권을 발급받아 원하는 서비스를 선택하도록 하는데, 바우처금액은 일정액은 정부에서 지원하고 나머지는 본인이 부담하는 형식으로 운용된다. 본인부담을 도입한 이유는 소비자 권리의식을 고양시키고 최소한의 본인 의무를 부가하기 위해서란다. 가령, 우리가 식당에 갔을 때 추가반찬을 요구할 경우 반찬값을 추가로 내야하는 경우에는 추가반찬을 잘 시키지 않지만 뷔페식당에 가면 얼마나 어떻게 먹든 추가요금이 발생하지 않는다는 이유로 음식을 많이 버린 경험들이 있을 것이다. 그렇듯 최소한의 본인 의무가 없을 경우 지나치게 과잉요구를 할 수도 있기 때문이다.

현재 우리나라가 도입한 이 전자바우처제도는 개방형의 포인트 결재 방식으로 신용카드 형태로 운용된다. 따라서 일일이 손으로 운용하는 아날로그 방식과 달리 대부분의 업무가 디지털로 이루어져서 행정업무가 대폭 경감되는 효과가 있고, 관리 비용 또한 크게 절감된다고 한다.

바우처제도의 업무 구성은 대상자가 시군구에 서비스신청을 하여 대상자로 통보되면 대상자는 서비스 제공기관으로부터 서비스를 구매하면 제공기관은 소요비용에서 정부지원금을 해당 금융기관에 청구하여 정산받고, 개인부담금은 서비스 이용자가 해당 금융기관에 결재하는 방식으로 운용된다.

어쨌든 바우처제도는 그동안 정책 시행자 측에서 서비스 품목을 일방적으로 정하여 수혜자들에게 내려보내는 식의 일방통행식에서 수혜자가 자신이 필요한 서비스를 선택하는 수혜자중심으로 전환됐다는 점에서 바람직한 정책전환이 아닌가 싶다. 행정도 결국 공급자가 아닌 소비자를 만족하는 것이기 때문이다. 아직 시행초기라 몇 가지 부작용이 없는 것은 아니겠지만 이 제도를 잘 발전시키면 명실상부한 사회보장제도로 정착할 것으로 기대된다.

부자감세와 복지예산

한때 뜨겁게 달아올랐던 부자감세 논쟁이 2010년이 저물 무렵 또 다시 논쟁의 불씨가 되살아난 적이 있다. 그것은 다름 아닌 국회의 2011년도 예산안 심의 과정에서 불거졌는데, 그 불똥은 서민 관련 예산으로 튀어 결국 복지가 유탄을 맞은 꼴이다.

사실 부자감세 논쟁은 포퓰리즘적 성격이 있다는 게 내 생각이다. 그게 포퓰리즘이라는 혐의에서 자유롭지 못하게 만드는 것은 '용어'가 주는 부정적 어감이 한몫했으리라 보인다. 우리나라에선 '부자'라는 낱말의 어감이 '부정부패'와 연결 짓게 되는 경향이 없지 않다. 이는 정의보다는 개발을 앞세우던 개발시대의 후유증인데, 경제를 부흥시키기 위해서는 부정부패는 되레 윤활유가 된 듯한 착각을 불러일으켰고, 취약한 기반의 정권이 금권정치로 연명하다보니 여기에 필요한 돈을 기업들로부터 조달(?)하던 데서 비롯된 인상이리라. 그래서 국민들 사이에선 기업들이 돈을 잘 버는 것은 정상적인 방법이 아닌 비정상적인 방법으로, 또 편법과 탈법으로 부를 이루었으되, 그 부를 기업 본연의 역할과 사명인 종업원이나 고객들을 위해 투자하는 것이 아니라 사주 개인의 배불리기 수단으로 전락했다는 심증에서 나오는 상대적 박탈감의 발로이리라.

그럼에도 이들 부자의 세금을 깎자고 하니, 그 내용에 대한 이해는 뒷전이고 일단 부자만 잘살게 하는 정책이라는 비판이 거세게 이는 것이다. 물론 부자감세가 옳으냐 그르냐의 가치 판단은 논외로 치더라도 부자들의 세금을 더 올려도 시원찮은 판에 내려준다는 것은 다른 정책보다도 더 면밀한 검토와 조사, 여론동향 등을 살폈어야 하였다.

현재 우리 정부에서 추진한 부자감세의 논리적 배경은 소위 트리클다운(trickle-down) 이론이다. 넘쳐흐르는 물이 바닥까지 적신다는 말처럼 대기업이나 부유층의 세금을 깎아서 잘 살게 하면 그 부가 넘쳐 서민들에게도 영향을 미쳐 결국 경기가 살아난다는 논리다.

이 이론은 신자유주의로 대변되는 레이거노믹스(미국 레

이건 대통령 경제정책)의 토대가 되는데, 중대형 고급차에 대한 많은 투자를 하여 좋은 차를 개발하면 부자들의 관심을 끌며 잘 팔릴 것이며, 이렇게 고급차가 잘 팔리면 여기서 많은 돈을 마련할 수 있게 되고, 이렇게 마련한 돈을 소형차 연구개발에 쓰고 이에 따라 소형차를 사는 서민들에게 값싸고 성능 좋은 차를 공급하게 되어 결국 경기가 좋아진다는 논리이다. 여기에는 서민들에게서 종자돈을 기대할 수 없기 때문에 부유층을 대상으로 먼저 투자하고 거기서 투자재원을 마련한다는 것이다. 그러니 부유층들이 돈을 펑펑 쓸 수 있도록 세금을 깎아주자는 것. 일단 그럴 듯 해 보이는 이론이다.

이 이론을 뒷받침해주는 논리가 소위 '래퍼곡선'으로 알려진 '공급경제학'이다. 1974년 경제학자 아서 래퍼(Arthur Laffer)가 정치인과 언론인들을 만난 자리에서 냅킨에다 '세율이 떨어지면 생산이 늘고 세금 수입이 증대한다'며 세율이 조세수입에 미치는 영향에 대해 그림을 그렸는데, U자를 뒤집은 모양이었다. 이 그림은 세율이 너무 높으면 오히려 조세수입이 줄어든다는 의미를 담고 있었다. 이 논리는 이 자리에 함께 있던 〈월스트리트저널〉 기자가 기사화하면서 '래퍼곡선'으로 명명하면서 유명세를 탔다.

그런데 많은 경제학자들이 주의 깊게 받아들이지 않았는데, 당시 레이건은 달랐다. 그는 이 이론을 바탕으로 하여 1980년 대선 때 대규모 감세를 공약으로 내걸고 당선된다. 하지만 결과는 예상을 빗나갔다. 조세수입이 오히려 감소하여 미국 정부는 재정적자에 시달려야만 했단다.

이런 배경지식을 가지고 우리 얘기로 돌아와 보자.

대체적으로 부자감세가 조세수입 감소로 재정적자를 유발할 뿐 서민경제에까지 영향을 미치기에는 부작용이 크다는 의견들이 많다. 논란의 초점은 2012년부터 시행될 예정인 소득세와 법인세 최고세율 인하 문제라고 한다.

일반적으로 재정지출 감소를 전제하지 않은 감세는 구멍난 세금을 메울 다른 방도를 찾아야 하는데, 그게 쉽지 않다. 해서 대부분 간접세로 벌충하려는 경향이 있는데, 소득세나 법인세 같은 직접세를 깎아주는 것이 눈에 드러나지만 간접세는 모든 국민들에게 알게 모르게 전가된다는 점에서 우려를 낳는다. 부자감세 정책에 대해 부자세금을 서민들이 대신 내게 하는 정책이라는 비판이 나온 것도 이런 이유에서다.

더더욱이 문제의 심각성을 더하는 것은 줄어든 재정 때문에 서민 예산이 대폭 삭감된다는 점에다. 국가재정은 한정

돼 있고, 수입이 줄어든다면 빚을 내거나 씀씀이를 줄이는 수밖에 없다. 그러나 나라 살림이라는 게 반드시 해야 할 일들이 있으므로 내년 예산을 올 예산보다 적게 편성하기란 국가부도와 같은 특별한 경우가 아니라면 거의 불가능에 가깝다. 그렇다면 풍선이론이 적용될 수밖에 없는데, 줄일 곳은 당연히 힘 약한 쪽 예산이 될 가능성이 크다. 저마다 자신의 예산이 줄어드는 것을 원하지 않기에 결국 힘의 논리에 따라갈 수밖에 없다.

해서 걱정하는 것은 결국 서민 예산 즉 복지 예산의 축소로 이어질 것이라는 당연한 예측 때문이다.

이것에 대해 흔히 온돌방에 비유하여 설명한다. 군불을 지피면 아랫목이 뜨겁고 윗목은 차갑기 마련이다. 날씨가 추우면 윗목보다 아랫목을 생각하여 아궁이에 불을 더 지피곤 하였는데, 이는 윗목에 대한 배려이다.

그런데 이제 우리는 우리 조상의 지혜를 옛날식으로만 생각하여 윗목과 아랫목에 차이를 인정하면 안 된다. 현대과학기술을 접목시켜 윗목과 아랫목이 함께 따뜻해질 수 있도록 온돌을 계승 발전시켜야 한다. 이렇듯 이런 국가 예산을 편성하고 집행할 때 부자든 가난한 자든 모두 행복해질 수 있는 정책을 개발하는 것이 가장 중요하다는 생각이 든다.

금연 대책 복지 차원에서 추진하라

담배가 요즘처럼 구박받던 때가 있었던가. 2010년이 저무는 12월 진수희 보건복지부 장관이 담뱃값을 한 갑에 8,000원으로 올려서라도 금연하도록 하겠다고 하여 애연가들로부터 거센 반발을 산 적이 있다.

진 장관은 "여러 연구를 보면, 소비자들이 금방 적응할 수준으로 가격을 올리는 것은 효과가 없다. 1000~2000원 인상은 물가 인상만 부추기는 수준"이라며 "얼마 전 질병관리본부가 시뮬레이션해 본 결과, 8000원 인상 정도면 효과가 나타난다고 나왔다"고 밝혔다고 한다.

담배 문제만큼은 개인의 기호식품 차원에서 접근하여서는 안 된다는 것이 내 생각이다. 내 돈 내고 사서 내 맘대로 피우는데 누가 끊어라 말아라 참견이냐고 할지 모르지만 담배

골목호랑이 할아버지(송파구청 제공).

는 단순히 개인의 범주에서 다뤄서는 안 된다.

담배는 우선 남에게 상당한 피해를 주는 기호품이다. 간접흡연 피해의 심각성에 대해서는 따로 설명을 하지 않더라도 누구나 알고 있는 사항이다. 비흡연자에게 피해가 가지 않도록 하는 범위 내에서 개인의 기호품 운운하여야지 버스 정류장이나 공공장소에서 담배연기를 뿜어대는 것은 불특정 다수에서 발암물질을 흡입하라고 뿌려놓는 거나 마찬가지기 때문이다.

담배의 폐해 중 짚고 넘어가야 할 또 하나의 큰 것은 담배로 인한 사회적 비용이 엄청나게 증가한다는 점이다. 알다시

피 담배는 각종 발암물질을 함유하고 있어 폐암과 같은 암을 유발하고, 아울러 각종 성인병에 영향을 미친다.

그렇다면 담배로 인해 발병한 사람이 늘어나게 되고 이 질병을 앓는 사람들을 치료하여야 하는데, 이 치료비 중 상당액이 건강보험에서 지불한다고 생각하면 직접적인 비용이 만만치 않다. 물론 개인부담액도 늘어나므로 가계에 영향을 준다.

OECD 국가 중 성인남성흡연율이 1위의 영예(?)를 안고 있는 우리나라는 금연문제가 심각한 사회문제가 되어 있다.

최근 들어 기업들이 금연하도록 보조는 물론 인사고과에까지 반영하는 등 적극적으로 나서고 있어 금연대열에 합류하는 사람들이 크게 늘고 있다고 하지만 여전히 흡연율을 세계 최고를 자랑하는 수준이다.

이처럼 금연의 필요성은 아무리 강조해도 지나치지 않는다. 그런데 끊기가 말처럼 쉽지 않다는 데 문제의 심각성이 있다.

따라서 금연을 위해서는 흡연은 곧 질병이라는 인식이 전제되는 것이 중요하다. 흡연의 정확한 병명은 '정신적 의존성 행동장애'라고 한다. 그런데 질병이라면 반드시 치료해야 하는 것이므로 흡연도 치료해야 할 대상이 되는 것이다. 아울러 담뱃갑 같은 곳에 흡연의 폐해를 충격적으로 보여주는 사진을 넣는 것도 효과를 배가할 수 있다고 한다. 외국의 경우 혐오스런 사진을 넣은 경우 흡연율이 떨어졌다고 한다.

그렇다면 담뱃값을 인상하여 금연을 유도하겠다는 정책은 어떨까.

사실 그동안 우리나라도 담뱃값 인상으로 흡연율을 줄여 보겠다고 시도하였으나 별 효과를 보지 못했던 게 사실이다. 자칫 서민들의 얄팍한 주머니만 더 터는 꼴이 되기 십상이었다. 2005년 담뱃값을 2000원에서 2500원으로 500원 올린 바 있는데, 이때 성인남성흡연율이 57.7%에서 52.3%로 감소되었다. 2008년 말에 40.9%까지 낮아졌다. 그러나 2009년 12월에는 다시 43.1%로 상승했다고 한다. 담뱃값의 소폭인상은 약간의 영향을 주지만 결국에는 원위치 된다.

그래서 앞에서도 말했지만 곧 적응할 수준의 담뱃값 인상이라면 효과를 기대할 수 없을 것 같다. 진수희 장관이 비흡연자인 나 같은 사람도 흡연자들의 주머니 사정을 걱정하게 할 만큼인 8,000원 선 인상은 분명 파괴력이 클 것으로 보인다.

그런데 문제는 8,000원을 주고도 사서 피워야 할 흡연자들이 분명히 존재한다는 점이다. 이들도 금연하고 싶겠지만 나름 피치 못할 이유로 흡연할 수밖에 없다면 이들의 흡연권을 이런 식으로 깔아뭉개도 되는 것일까. 담배의 폐해로부터 자유로워야할 권리는 담배를 피울 권리가 동등하게 보장되어야 의미가 있는 것은 아닐까.

흡연자들 중 상당수는 흡연하는 이유로 육체 건강에는 다소 문제가 있더라도 정신 건강에는 도움이 되기 때문이라고 말한다. 금연에 너무 집착한 나머지 정신건강을 해친다면 되레 흡연하는 것만 못하다.

다만 금연문제는 병이 난 이후에 치료에 목적을 두는 것이 아니라 병이 나기 전에 예방적 조치에 초점이 맞춰져야 한다는 것이 내 생각이다.

담배로 인해 병이 나서 치료하는 데 비용을 쓴다고 하면 설령 치료하여 나았다고 하더라도 건강이 좋지 않은 삶의 질이 좋을 리 없다. 그러나 예방적 차원에 투자를 한다면 이는 쾌적한 삶을 보장하게 되는 것이다. 똑같은 투자를 하더라고 삶의 질을 향상시킬 수 있는 쪽에 방점이 찍혀야 되지 않을까.

그래서 난 금연 문제는 개인이 아닌 국가 차원에서 적극 나서야 하며, 그것만이 국가의 사회적 비용을 줄이는 길이기 때문이다.

공공기관의 중증장애인 생산품 의무 구매

서울 광화문에서 서대문으로 나있는 신문로를 가다가 서울역사박물관 즈음에 이르면 천천히 걸으며 망치질하는 거인이 발길과 눈길을 붙잡는다. 흥국생명 사옥 앞에 설치된 조나단 보로프스키(Jonathan Borofsky)의 '해머링 맨(Hammering Man)'이란 조각작품이다.

이 작품은 우리나라에서 손꼽히는 공공미술로 2002년 설치될 때부터 육중함 때문에 화제가 되기도 했다. 키 22미터, 무게 50톤에 이르는 거대한 규모였다. 또 1분 17초에 한 번씩 망치질하는 동작을 통해 노동의 숭고함과 노동자에 대한 경외를 담았다는 작품의 의미도 대중들의 관심을 끌기에 충분했다. 작품 가격도 설치 당시 10억 원이 넘었다고 한다. 사옥을 지은 흥국생명의 큰 결단이 아니면 설치될 수 없는 작품이란 생각이 든다.

그런데 여기서 뜬금없이 미술장식품 얘기를 꺼내는 것은 기업들이 사옥을 지으면서 반드시 미술품도 설치하는데, 이게 건물의 품위를 높이고 도시 미관을 아름답게 하기 위해 기업들이 자발적인 문화적 마인드로 접근했느냐 하는 점을 얘기하고 싶어서다. 그리고 요즘 보건복지부가 2011년부터 공공기관에서 중증장애인들이 만든 생산품의 일정량을 의무구매하도록 한다는 제도의 의미에 대해 생각해보기 위해서다.

지금부터 하는 이야기는 흥국생명 사옥의 미술장식품과 무관하며 일반적인 정서로 접근하였음을 우선 밝힌다. 혹시 흥국생명은 물론 수많은 기업들이나 건물주들의 순수한 문화사랑 마인드에 누가 될지도 모르기 때문이다.

대형건물 앞에 가면 으레 만나는 (대부분) 거대한 미술작품들은 건물주들의 자발적인 설치라기보다 일단은 '문화예술진흥법 시행령 제24조 1항'에 따른 결과라고 보는 게 더 정확할 것이다. 건물 연면적이 1만제곱미터 이상일 경우 건축비용의 1천분의 5 이상 1천분의 7 이하의 범위 안에서 지방자치단체의 조례로 정하는 비율에 해당하는 금액의 미술장식품 설치를 의무화 하고 있기 때문이다.

이 제도는 예술에 대한 공공 지원이란 성격이 가미된 정책으로 잘만 운용하면 아주 괜찮은 제도가 될 수 있겠다는 생각이 든다. 물론 흥국생명 사옥의 미술품처럼 시민들의 관심을 끌며 미술장식품 설치의 전범을 만드는 경우도 있겠지만 '의무설치'라는 조항 때문에 마지못해 설치하다보니 주변환경과 동떨어져 오히려 천덕꾸러기로 전락하는 경우도 있다.

그러나 난 그래도 이런 제도가 없는 것보다 있는 것이 낫다고 생각한다. 한 번 두 번 횟수가 더하다보면 마인드도 바뀌어 시행착오를 극복하고 이왕지사 하는 거 잘해보자는 쪽

장애인들이 제품생산에 열중하는 모습(미오림사회복지재단 제공).

으로 발전할 것으로 보이기 때문이다.

어쨌든 이런 좋은 제도 덕택에 예술계에 대한 공공적 지원은 이루어지고 있는 셈이다. 이런 점에서 정부에서 시행하는 중증장애인 생산품 구매 의무 제도는 돋보이는 복지정책이란 생각이 든다.

보건복지부는 2010년 중증장애인 생산품 우선구매촉진위원회를 개최해 공공기관의 총구매액 범위 기준을 1% 이상으로 정했다고 한다. 이에 따라 국가 등 공공기관은 18개 우선구매품목별 구매율에 따라 장애인 생산품을 구매하도록 하였던 기존의 방식에서 벗어나 2011년부터는 품목 구분 없이 총구매액의 100분의 1 이상을 중증장애인 생산품으로 구매해야 한다.

지하철 같은 대중교통 수단을 이용하다 복지시설에서 장애인들이 만들었다며 손수건을 사 달라고 호소하는 자원봉사자를 만난 경험들이 있을 것이다. 시중가격보다 비싼지 싼지는 모르지만 많은 사람들이 호응해준다.

사실 우리는 똑같은 제품이라도 장애인이 만들었다면 왠지 품질이 낮을 것 같다는 선입견을 갖고 있다. 또한 품질은 고사하고 장애인이 만들었다는 사실 때문에 거부감을 갖고 있을지도 모르겠다.

하지만 그건 정말 편견이다. 손수건을 만드는데 장애인과 정상인의 차이가 품질의 어떤 면에서 차이를 만드는지 모르겠다. 되레 장애인들이 장애를 극복하기 위해 다른 기관들이 더 발달하여 품질이 우수한 제품을 만들 수 있다고 본다. 그건 장애인들의 상황과는 상관없이 생산품이 결정되는 것이 아니라 장애인에게 가장 적합한 생산품을 골라서 만들기 때문이다.

또한 많은 사람들이 장애인생산품을 살 때 정당한 거래로 생각하는 것이 아니라 자신의 동정심을 얹어서 사준다는 식으로 접근한다는 점이다. 그건 아니다. 장애인은 장애가 있어서 불편할 뿐 차별이나 동정의 대상이 아니다.

그렇다면 장애인이 만든 상품이든 정상인이 만든 상품이든 미리 말하거나 표시를 하지 않으면 아무도 모른다. 다만 장애인 생산품임을 알고 있는 중간상인들이나 소매상들에게서 이미 낙인(?)이 찍히듯 장애인 생산품으로 분류돼 있기 때문에 정상적인 판로를 개척하기가 쉽지 않은 것이다.

이런 사회적 상황을 감안할 때 그동안의 제도를 개선해 공공기관에서 의무적으로 일정액을 구매하게 하는 것은 자발성에 기대하는 것만큼은 아니더라도 분명 좋은 복지정책이란 생각이 든다. 앞에서 예로 든 문화정책처럼 말이다.

SSM과 구멍가게가 함께 사는 길

우리 사회를 뜨겁게 달구는 이슈 중 하나가 대기업과 중소기업의 상생 문제가 아닌가 싶다. 정운찬 동반성장위원회 위원장이 들고 나온 '이익공유제'를 놓고 벌어진 열띤 논쟁은 애초 의도와는 달리 이념시비로까지 번지면서 부작용을 초래하긴 했지만 대기업과 중소기업이 함께 살아야 한다는 국민적 공감대 형성에는 큰 역할을 한 것은 사실이다.

그런데 대기업과 중소기업의 상생 문제가 가장 첨예하게 대립하고 있는 현장은 SSM 문제가 아닌가 싶다.

언제나 찾아가던 동네에서 제법 큰 슈퍼가 어느 날 갑자기 가림막을 치고 수리를 하더니 급기야 대기업 슈퍼의 간판을 내걸고 영업을 시작한다. 그 옆에서 소규모로 고만고만하게 함께 먹고 살던 슈퍼, 슈퍼라기보단 구멍가게라는 말이 더 어울릴 가게들이 손님은 오간데 없고 파리만 날아드는 현실을 견디지 못해 하나둘 폐업의 길로 들어선다. 큰 슈퍼가 있더라도 저녁 9시쯤이면 문을 닫았기에 그 이후 시간에는 그래도 하나둘 손님들이 구멍가게를 찾았는데, 그나마 24시간 편의점과 경쟁하는 것도 버거운데, 이젠 대기업 슈퍼가 아예 12시까지 영업을 해대니, 모든 것에서 열세인 구멍가게가 버텨낼 재간이 없다. 이른바 SSM(Super SuperMarket, 기업형 슈퍼마켓) 이 쓰나미처럼 골목상권을 휩쓸고 있는 것이다.

그러자 이런 상황을 그대로 방치했다간 안 되겠다 싶어서 국회에서 이른바 '상생법'을 만들기에 이른다.

SSM은 일반 슈퍼보다는 크고 대형마트보다는 작은 300평정도 규모의 대기업 슈퍼마켓을 말하는데, 문제는 이들 매장이 점점 소형화 추세를 보이면서 골목상권을 더 쉽게 잠식하고 있어 문제의 심각성을 더한다.

애초 이들과 동네 슈퍼의 경쟁은 성립하지도 않는다. 자금력을 비롯하여 모든 면에서 동네슈퍼의 능력을 뛰어넘은 SSM 앞에는 걸림돌이 없다. '대박경품 이벤트'니 '하나 사면 하나 더 주는 1+1 행사'니 매장을 여는 내내 각종 이벤트를 쏟아내고 가격 할인도 많이 해대니 소비자들이 눈을 돌리지 않을 재간이 없다.

상황이 이러하니, 중소기업중앙회 자료를 보면, SSM은 2005년에 267개에서 2010년 8월까지 무려 759개까지 늘었는데 반해 중소유통업체는 2005년부터 2009년까지 4년간 2만 여개가 폐점했다고 한다. 한 해 평균 5천 개가 문을 닫았다는 얘기다. 이 일은 동네슈퍼만의 문제가 아니다. 전통시장에도 쓰나미가 되어 덮쳤다.

그러자 국회는 2010년 11월11일에 상생법-정확한 법률이름은 '대, 중소기업 상생협력 촉진에 관한 법률'-을 통과시켜 SSM의 무분별한 출점을 제한하기에 이른다. 전통시장 및 전통상점가 반경 500m 이내에서 SSM의 등록을 제한하고, 대기업 지분이 51% 이상 들어간 SSM 가맹점도 사업조정 대상에 포함시키는 등 말 그대로 상생할 수 있도록 최소한의 조치를 할 수 있게 한 것이다.

그런데 많은 사람들이 WTO를 들먹이면서 상생법 제정에 제동을 걸었는데, 유럽의 여러 나라들도 우리와 비슷한 제도를 시행하여 대기업과 중소기업의 상생을 모색하고 있다. 독일 같은 경우 '10% 가이드 라인'이라는 게 있어 지역상권이 10% 이상 매출 감소가 예상되면 대형마트의 입점이 허용되지 않는데, 인구가 빠른 속도로 늘어나 기존 상권으로 생활이 안 될 경우에만 해당지역에 허용한다. 프랑스나 영국, 이탈리아 등에서도 엄격히 규제하고 있다.

특히 일본의 경우가 우리에게 반면교사가 될 듯 싶다. 일본은 SSM과 동네 슈퍼가 고객을 끌어 모으기 위한 세일 행사를 같이 하는가 하면 서로 품목이 겹치지 않도록 조정하는 등 함께 잘 살 수 있도록 모두 자기의 영역을 지키면서 경쟁력을 키우고 있다.

그런데 최근 한-유럽자유무역협정(FTA) 때문에 국내 피해가 예상되어 'SSM 규제법'을 발의한 상태다. 일단 여야는 합의하길, SSM 입점 제한 범위를 기존 500m에서 1Km 이내로 넓히고, 법안의 일몰시한도 3년에서 5년으로 늘리도록 하였다.

이 법안이 결국 통과되겠지만 중요한 것은 법의 역할이 최소한에 머물 수 있도록 하는 지혜가 필요하다. 이는 이런 법안과 관계없이 대기업과 중소기업이 함께 잘산다는 사회적 공감대가 필요하고, 이를 위해 함께 실천하는 일이 아닌가 싶다.

하지만 SSM 말고도 다른 분야에서도 여전히 대기업은 중소기업의 영역을 넘보고 있는 게 현실이다. 심심찮게 언론에 등장하는 뉴스에는 상당수 대기업들이 중소기업 들의 고유

업종이랄 수 있는 분야로까지 무차별적으로 사업영역을 넓히고 있다. 심지어 포장재인 골판지 회사까지 만드는가 하면 구내식당에 사용하는 두부나 이런 것까지 모두 취급하고 있다는 게 현실이다.

이런 상황에서 상생을 얘기하는 것은 헛구호이고, 법을 만든다 한들 무슨 효과가 있겠는가.

상생은 말 그대로 함께 사는 것. 그렇기 위해서는 법 이전에 뭐든 할 수 있다는 만능주의의 인식에서 벗어나 각자의 영역을 보장하려는 자세가 먼저 고려될 때 효과를 나타낸다.

제 3 부

복지가 미래다

경제적 숨통이 트이는 것이 중요하겠지만 존재와 삶의 이유에 대한 자각도 중요하다. 만약 노숙자가 존재 이유를 발견한다면 그의 문제는 그 스스로 해결하게 될 것이다. 절망에 빠진 사람 대다수가 이런 존재감과 자신감 결여에서 오는 자포자기 때문에 그 수렁에서 헤어나지 못하고 있다.

사회복지사, 그들은 누구인가

우리나라의 사회복지를 실행하는 마지막 현장에서 몸으로 뛰는 첨병들이 있다. 이름 하여 사회복지사가 이들이다. 그런데 이들 사회복지사는 누구인가.

우리가 생각하는 사회복지사는 항상 밝은 미소를 띤 얼굴로 남을 위해 도움을 주는 소위 봉사와 희생정신이 몸에 밴 '천사'이다. 사명감에 살고 사명감에 죽는 아름다운 선행을 실천하는 아름다운 사람이다.

사회복지사업법에 보면 사회복지사는 '사회복지에 관한 전문적인 지식과 기술을 가진 자'라고 되어 있다. 따라서 도움이 필요한 사람들에게 접근하여 이들이 어려움으로부터 벗어날 수 있도록 원인을 파악하여 그 해결방안을 찾아주는 등의 일을 수행하는 전문직업인이다.

그런데 이 같은 일을 하기에는 사명감이나 봉사, 희생정신 같은 것이 기본적으로 요구되는 소양이기는 하지만 무한정으로 이런 소양을 발휘하길 기대하는 것은 무리다. 이들도 이런 '천사'이기에 앞서 우리들과 다를 바 없는 '전문적인 직업인'이기 때문이다.

직업인이라면 당연히 임금을 받아 본인은 물론 가족의 생활을 꾸려나가는 이른바 생계수단임을 의미한다.

그런데 이들 사회복지사들은 대부분 저임금은 물론 열악한 환경에서 일하고 있음은 주지의 사실이다. 사회복지가 양적으로 팽창했으나 처우는 전체 산업 노동자 월평균 임금의 61.4%에 불과하다는 한 국회의원의 지적은 이들 사회복지사들의 현실이 어떠한지를 고스란히 대변해준다고 해도 크게 틀리지 않을 것 같다.

사실 사회복지사들 대부분은 엄밀히 말하면 민간 사회복지시설에 근무한다. 그래서 신분은 공무원이 아니다. 그런데 이들이 하는 일은 공무원이든 아니든 거의 비슷하다. 인터넷에 본 한 사회복지사의 하루 일과를 통해 이들이 어떤 일을 얼마나 바쁘게 하는지 보자.

"오전 8시 40분 출근, 퇴근은 엿가락처럼 늘어지면서 항상 출근시간은 20분 당겨놓는다. 업무 시작하기 전 오전 9

시까지 도대체 청소는 왜 우리가 다해야 하는 걸까. 9시부터 12시까지 복지관 이용자 안내, 상담, 프로그램 계획 등등 일상 업무를 진행한다. 12시부터 시작된 점심시간, 밥을 늦게 먹으면서 괜히 '사회복지 언저리도 가보지 않은' 관장의 눈치가 보인다. 회의, 평가, 프로그램 계획, 상담, 홍보, 자원봉사자 미팅, 후원요청, 일지 정리 등을 하다보면 그야말로 시간은 손살같이 지나가 또 어둑어둑해진다. 오늘도 야근이다. 물론 야근수당은 없다."

얼핏 보아 이 정도야 할 독자들이 다반사이겠지만 그러나 숫자가 많지는 않지만 내가 만나본 사회복지사들의 말을 종합해보면 이를 일반화해도 크게 빗나가지 않을 만큼 우리의 사회복지사들의 근무 여건은 열악한 게 사실이다.

특히 이들 사회복지사들이 겪는 어려움은 무엇보다 임금 수준이다. 그동안 정부나 국회에서는 사회복지사 처우개선에 대해 많은 논의를 진행해 왔지만 그 결실은 더디기만 한 게 현실이다.

국회의원이나 정부에서는 민간 사회복지시설에 근무하는 사회복지사들의 임금 수준을 공무원 수준으로 인상하겠다는 말을 많이 해왔지만 말만 무성했을 뿐이다. 심지어 최근 들어 공무원과 임금 수준이 과거에 비해 더 벌어지고 있다고 한다.

물론 어려움은 있을 것이다. 도서관에 배정된 예산의 대부분이 도서관에 근무하는 직원들의 급여이어서 정작 책 살 예산이 거의 없다는 볼멘소리처럼 사회복지시설의 예산 또한 적지만 직원들의 급여를 제하면 실제 복지에 쓸 예산이 태부족이어서 선뜻 올려주기도 어려운 현실을 감안하면 이는 국가 차원에서 대책이 마련되어야 한다고 생각한다.

또한 사회복지사들에 대한 국민들의 인식 또한 달라져야 한다.

사회복지 업무는 특수 빈곤층에 대해 이루어지던 예전과 비교하면 요즘은 그 범위가 무한대로 넓혀졌다. 국민의 삶의 질을 향상시킨다는 거시적 목표에 따라 생활의 모든 분야에 미친다. 그러다보니 사회복지사들의 역할 역시 여기에 따라 확대되기 마련이다.

물론 우리나라의 경우 선진국과 달리 아직 복지의 확대로 인한 과도기 상태에 있으므로 여러 가지 시행착오가 있을 수 있다. 하지만 국민들이 사회복지사들을 바라보는 시선 또한 함께 바뀌지 않는다면 정작 사회복지사들의 복지는 실현시키지 못할지도 모른다.

가령, 노인장기요양보험으로 많은 노인들이 집에서 요양보호사의 도움을 받을 수 있게 되었는데, 문제는 요양보호사를 자칫 가사도우미처럼 생각하여 보호가 필요한 노인에 대한 케어만 맡기는 것이 아니라 방청소나 빨래 같은 일까지 요구하는 경우가 있다는 것이다.

이는 요양보호사들에 대한 인권적 차원의 대책도 요구되지만 국가가 나서서 이들의 신분과 지위에 대해 널리 홍보하여 이런 인식이 심어지지 않도록 해야 한다. 노인 복지만 생각하면 이 제도가 잘 운영될 것으로 생각할지 모르지만 그건 착각이다. 노인요양보험의 성공은 바로 요양보호사들의 손에 달려있다고 해도 틀리지 않다.

이렇듯 사회복지사들이 복지 최일선에서 '천사'가 되게 하려면 직업인에 걸 맞는 임금과 또 국민들의 인식 제고가 있어야 한다.

사회복지 담당자들에게 요구되는 보다 엄격한 도덕성

이 글을 쓰면서 우선 밝힐 것이 있다. 여기서 언급하는 것은 대다수 사회복지 관련자들과는 무관하며, 자칫 몇몇의 사례가 일반화되는 우를 범해서는 안 된다는 점이다. 혹시 눈에 띄지 않는 곳에서 묵묵히 일하는 대다수 사회복지 관련자들의 사기를 꺾거나 사명감이나 희생정신을 폄하할 의도가 추호도 없음을 밝힌다.

사회복지 담당자들에게는 여느 사람들보다 더 엄격한 도덕성이 요구된다. '여느 사람보다 더 엄격한 도덕성'이란 표현이 좀 거슬린다고 하면서 도덕성이면 모두 똑같은 도덕성이지 엄격한 것과 엄격하지 않은 것이 있느냐고 힐난할지도 모르겠다. 다만 내가 여기서 이같이 표현한 것은 도덕성의 경중이라기보다 도덕성에 임하는 자의 자세의 차이를 설명하기 위해서다.

흔한 말로 내 돈 갖고 내 맘대로 쓰는데 함부로 타박할 수야 없다. 그런데 사회복지와 관련한 돈의 대부분은 내 돈이 아니라 국민의 세금(국가의 지원) 아니면 국민들이 낸 성금이나 기부금이다. 다시 말해 사회복지 담당자들이 국민이나 성금기탁자, 기부자를 대신해서 돈을 집행하는데, 이를 남의 돈 취급하면 아무래도 내 돈 만큼 치밀하지 못한 경우가 있을 수 있기 때문이다.

그런데 우리는 2010년이 저물던 당시 서울시청 앞 광장을 비롯한 전국 여러 곳에 서 만나던 '사랑의 온도탑'을 만나지 못했다. 11월 북한의 연평도 공격으로 가뜩이나 을씨년스런 연말연시가 이런 우울한 소식으로 더더욱 심란하게 만든 것이다.

그 이유는 사회복지공동모금회의 비리사건 때문이다. 2010년 10월 보건복지부가 공동모금회 중앙회와 서울 등 6개 지부에 대해 종합감사를 벌였는데, 그 결과는 충격적이었다. 공금유용은 기본이고, 장부조작이나 친인척 거래 등 각종 비리가 있었음이 드러났고, 직원 채용 과정에서도 온갖 불법과 편법이 동원됐다는 것이다.

가장 충격적인 비리는 술값 등 향응비로 쓴 돈이 1년간 무려 3,300만원이라는 점이다. 한 직원이 법인카드로 긁은 금액이 이 정도라니 벌어진 입이 다물어지지 않는다. 보통 직장인 1년치 연봉에 해당하는 큰 금액이다.

그런데 그런 비리 중 '사랑의 온도탑'에 관한 것도 있었다. 공동모금회 인천지부에서는 매년 1,000만원을 들여 '사랑의 온도탑'을 제작하였는데, 사실은 2006년에 제작했던 것을 매년 재활용하면서도 새로 제작한 것처럼 하여 그 비용을 타냈다는 것. 2010년의 세모를 따뜻하게 데워줄 '사랑의 온도탑' 실종 사건이 발생한 직접적인 원인이다.

사실 비리만 저지르지 않았더라면 '사랑의 온도탑' 재활용은 가뜩이나 홍보용 구조물의 범람으로 인한 예산낭비를 막을 모범 사례가 되지 않았을까. 되레 그 담당자를 널리 세상에 알려 반면교사로 삼는 한편 표창하여 그 갸륵한 사명감을 드높이 사야 했을 것이다.

이뿐만 아니라 비리 행태를 보면 어쩌면 그동안 우리가 봐왔던 것들과 비슷한지 혀를 내두룰 수밖에 없다. 일반인들의 이 같은 비리라도 그럴진대 하물며 사회복지공동모금회이기에 더더욱 그 충격이 큰 것 같다.

사회복지공동모금회가 어떤 기관인가. 우리에게는 '사랑의 열매'로 널리 알려진 단체가 아니던가. 솔직히 당시에는 자발적이라기보다 반강제적이었다고 느끼긴 했지만 나도 학창 시절 학교에서 사랑의 열매를 샀던 기억이 난다.

이 단체는 사회복지공동모금회법에 따라 1998년에 국민의 성금으로 마련된 재원을 효율적이고 공정하게 관리·운용하기 위해 설립된 사회복지법인이다.

이 공동모금회는 유일한 법정 모금기관이다. 또 소득공제를 받는 기부금 한도가 아름다운재단 등 여느 모금단체보다 다섯 배에서 많게는 열 배까지 많은 등 특별한 경우여서 1년에 무려 3천억 원을 훌쩍 넘는 금액이 모금 된다고 한다.

그런데 당시 이 법이 개정될 때에도 성금모금에서 믿을 수 없는 일이 비일비재하자 이를 막기 위해 법을 개정하고 이 협회를 탄생시켰다는데 이런 일이 다시 일어난 것이나 다름없다.

공동모금회가 그동안 많은 일을 해왔음은 주지의 사실이다. 그래서 이번 일로 인해 그동안의 공을 모두 헛수고라고까지 말할 수는 없다. 하지만 열 번을 잘하다가도 한 번의 실수는 그동안 벌어놓은 점수를 모두 까먹게 마련이다. 사람들은 열 번 잘한 것보다 한 번 실수한 것을 더 확실하게 기억할 뿐만 아니라 더 가혹하게 비판한다.

물론 이번 사태에서 비리를 저지른 사람들의 행태에서는 실수라기 보단 지능적 고의성까지 느껴져서 당혹스러운 것이 나뿐이겠는가 싶다.

그래서 나는 이 글을 시작할 때 '더 엄격한 도덕성'이 요구된다는 표현을 썼는데, 그건 바로 사회복지공동모금회의 비리는 사회적으로 문제가 될 뿐만 아니라 가깝게는 묵묵히 일하는 무고한 다른 사회복지담당자들까지 도매금으로 매도당하지 않을까 하는 우려에서다.

사회복지공동모금회 중앙회 임원들이 사퇴하는 등 책임지는 모습을 보였지만 이것으로 이 문제가 해결됐다고 보면 그건 착각이다. 이제부터 뼈를 깎는 성찰과 투명성 확보는 물론 도덕성까지 갖추어야하는 대개혁의 시작이다.

그리고 한 가지 덧붙이면 이 일로 인해 국민들의 자발적인 기부가 줄어 들어서서는 안 된다는 점이다. 이들의 환골탈퇴를 기대하며 예전처럼 작은 정성을 보태는 일에 게을리해서는 안 되겠다.

통일 이후 독일의 사회복지 정책

독일은 여러 가지로 우리에게 시사 하는 바가 크다. 특히 분단국가에서 통일국가가 된 이후에 사회복지정책이 어떻게 전개되고 있는지는 우리가 심도 있게 조사하고 연구 검토할 필요가 있다.

1883년 질병보험을 도입함으로써 사회보험을 세계 최초로 도입한 독일은 1990년 10월 1일 마침내 역사적인 통일을 이루어낸다. 문제는 당시 동독과 서독의 경제력이나 국민소득의 현격한 차이를 어떻게 극복할 것인가가 가장 큰 고민이었다.

만약 우리도 지금 통일이 되면 현재 남한의 소득 수준으로 볼 때 북한 주민의 거의 모두가 생활보호대상자로 지원해야 한다는 주장이 매우 현실적이라는 점에서 당시 독일이 이런 차이를 어떻게 극복하였는지가 우리의 관심사가 되는 것은 너무도 당연하다.

당시 통일독일의 당면문제는 실업과 사회불평등 등이 두드러졌다. 실업문제는 특히 심각했다. 동독 주민들은 경제강국 서독의 도움으로 동독지역이 발전할 것은 물론 고임금의 좋은 일자리가 많이 만들어질 것이라고 좋아라 했다. 왜 아니겠는가. 요즘 우리나라에 들어오는 탈북자들도 남한에 가기만 하면 '고생 끝 행복 시작'이라고 기대하고 있어 사선을 넘어서라도 남한으로 오려고 한다. 그러나 막상 꿈에 그리던 낙원인 남한에 와서는 적응하는데 몇 갑절 힘든 고비를 넘겨야 하고 겨우 한숨 돌리나 싶으면 이제 일자리를 찾아 헤매야 하는 것이 현실이다.

통일독일의 실업률 통계, 즉 〈이코노미스트〉(1998)에 의하면 통일 이후 무려 5,500억 달러의 공적자금을 동독지역에 투입했지만 1998년 6월의 동독 실업률은 17.2%에 달했다.

이 수치는 그냥 두 자리 수 의미를 넘어선다. 동독지역의 산업이 거의 붕괴되고 있다고 해도 크게 틀리지 않을 만큼 심각한 수치다.

물론 통일독일정부는 통일 이후 동독 주민들을 위한 다양한 사회보장제도를 마련하였음은 두 말할 필요가 없다. 단

축근로시간제, 조기정년제도, 직업훈련제도 같은 여러 사람들이 일자리를 함께 나누어 일자리를 늘리거나 다양한 훈련을 통해 쉽게 일자리에 적응하도록 하는 정책들을 수립하여 실천에 옮겼었다.

하지만 그 결과는 예상을 크게 빗나갔다. 되레 일부 동독주민들은 '아, 옛날이여'를 외치며 사회주의 국가 동독을 그리워할 만큼 동독지역은 좀처럼 침체에서 벗어날 줄 몰랐다.

상황이 이러하니 사회불평등 또한 심화되어 가면서 심각한 사회문제로 대두됐다. 명목임금이 동독 시절보다 크게 올랐음에도 서독의 절반에 못 미칠 만큼 소득격차는 커졌고, 이 소득격차는 단순히 소득격차에만 머무는 것이 아니라 돈 버그의 지적처럼 심리적으로 박탈감을 느끼게 하였다. 동서독 사이에 서 있던 분단 벽은 다시 마음의 벽으로 되살아난 것이다.

이때 통일독일정부는 이런 일련의 문제를 해결하기 위해 사회보장제도를 통해 그 간극을 메워나가려고 노력했다. 사회보장급여와 서비스를 서독 수준으로 적용하였다. 그러다 보니 서독에서 동독으로 넘어간 복지재정이 천문학적인 숫자를 기록한다. 1991년부터 1995년까지 무려 9,810억 마르크였다고 한다.

통일독일정부의 사회복지급여비용에서 동독지역의 비용이 차지하는 비율은 1991년 13.2%에서 1992년 17%, 1994년부터 2000년까지 18% 수준에 이를 정도였다고 한다.

최근 이명박 대통령이 '통일세'에 대해 언급하여 세간에 화제가 된 적이 있다. 지금 통일세를 걷느냐 마느냐로 논쟁이 심하게 일었지만 그 논의는 여기서는 논외로 치고, 단지 독일의 경우를 타산지석으로 삼는다면 통일을 대비한 재원을 조성하는 것은 반드시 필요하다고 생각한다.

내가 아는 80대 중반의 한 실향민의 솔직한 고민이 이런 점에서 크게 와 닿는다. 그에게는 북한에 4명의 동생이 있다고 한다. 로또에 당첨되듯 남북이산가족상봉 프로그램에 선정되어 2002년에 금강산에서 동생들을 모두 만났다는 그는 사는 게 힘들어 보이는 동생들에게 한두 번 만날 때 이것저것 해줄 수는 있지만 만약 통일이 되어 남한의 형에게 와서 도움을 요청한다고 생각하면 죽을 때 눈이 감겨지지 않을 거라고 말한다. 그 자신도 생활이 넉넉지 않아 고단하게 살고 있는데, 그렇다고 와서 손 벌리는 동생들을 외면할 수도, 또 도움을 줄 수도 없기 때문이란다. 그래서 그는 자식들이 주는 용돈을 아껴 형편이 되는대로 조금씩 저축을 하고 있다고 한다. 혹시 살아생전에 통일이 되거나 통일이 안 되더라도 다시 만날 때 쓸려고. 자식들이 있지만 한 치 건너 두치라고 얼굴도 모르는 삼사촌을 살갑게 해주겠냐는 생각에서다.

그런 점을 생각하면 통일은 많은 비용이 필요하고 특히 북한의 주민들을 남한의 주민들과 잘 섞이어 진짜 동포처럼 한 가족처럼 지낼 수 있도록 하기 위해서는 복지 프로그램이 그 책무를 떠맡아야 한다.

복지는 그래서라도 우리나라에서는 더더욱 중요한 사회문제이다.

* 이 내용은 박병현의 『복지국가의 비교』를 참고하여 썼습니다.

통장님은 복지도우미

우린 통장에 대해서 그다지 호의적인 감정을 갖고 있지 않다. 너무 관 냄새가 나기 때문이다. 정부의 시책을 주민들이 좋아하든 싫어하든 상관없이 무조건 전달하는 사람 정도라는 것이 통장에 대한 일반적인 인식이다. 특히 군사정부 시절 관제행사에 주민을 자발적인 것처럼 위장하여 강제 동원하거나 주민을 통제하는 수단으로 활용되었던 탓에 이런 부정적인 이미지가 강하게 들었던 것이다. 거기다가 하는 일은 구청에서 나눠주는 물품을 전달하거나 가끔 실태조사를 할 때 가정을 방문하는 정도였다.

그러나 요즘 통장님은 그렇지 않다. 하는 일도 많지만 정말 필요한 곳에서 필요한 일을 하는 '행정기관'이 아닌가 싶다. 서울의 노원구나 관악구의 통장님들은 '복지도우미'로 활동하고 있는데, 바쁘기로 말하면 웬만한 직장인 빰치고, 효과로 말하면 웬만한 동사무소 사회복지사 뺨친다.

이들 통장들은 복지대상자들에게 필요한 사항을 파악하는 것은 물론 지방자치단체의 '찾아가는 복지서비스'의 일선 행동대원 역할을 해내고 있는 것이다.

통장들의 이런 변신은 지방자치단체가 자치주민들을 위해 어떤 정책을 펼 것인가에 대한 고민과 주민 입장에서 정책을 펴야한다는 발상의 전환의 결과이다.

노원구의 경우 2010년 조직개편을 하였는데, 구청 직원 37명을 동사무소, 즉 주민자치센터로 배치했다고 한다. 그리고 기존의 동사무소 직원 중 19명에게는 사회복지 담당 업무를 새로 부여했다고 한다. 물론 각 통장들에게도 복지도우미로서의 역할을 부여했다.

노원구는 아울러 보다 촘촘한 복지네트워크를 만든다는 취지에서 동별로 주민복지협의회를 구성하여 운영하는데, 그 효과가 생각보다 크다고 한다. 이 복지 네트워크는 이런 식으로 운영이 가능하다.

가령, 주민복지협의회에 소속된 병원에서 저소득층 환자가 진료를 받을 경우 의사는 치료만 하는 게 아니라 도움이 필요한 복지관 등에 환자의 정보를 알려주고, 상가번영회는 일자리가 날 때마다 복지대상자 가정에서 사람을 뽑으며, 치킨집은 한부모 가정에 치킨을 배달해주도록 네트워크화 한다.

일단 매우 근사한 복지전달 네트워크가 아닌가 싶다. 지방자치단체는 주민들과 삶과 직접적인 관련을 맺는 일선 행정조직인데, 그동안 많은 비판을 받았던 것은 아무래도 주민들의 아프고 가려운 곳을 제대로 헤아려 주지 못했기 때문이라고 생각한다. 주민이 없는 지방자치단체는 존립근거가 없다. 물론 교과서적으로 말하면 국가의 주인은 국민이고 지방자치단체의 주인 역시 주민임에는 틀림없지만 그게 어디 말처럼 국민이나 주민 편에서 업무가 이루어졌던가. 거의 모든 것들이 관의 입장과 생각에서 일방통행해온 것이 사실이다.

그런데 이런 변신은 아무리 심해도 환영이다. 물론 이런 정책을 시행하면 주민들이 처음에는 단체장이 선거로 선출되는 점을 들어 표를 의식한 환심 사기로 치부할 수도 있다. 전혀 그렇지 않다고 할 수도 없겠지만 그것보다는 주민들의 삶의 질을 향상시키려는 애초의 목적이 더 큼은 말할 필요도 없으리라. 그런데 그런 정치적 목적이 설령 있더라도 주민에게 실질적으로 도움이 된다면 그걸로 충분하다는 게 내 생각이다.

구청이나 자치단체에서 하는 일이 대부분이 정치적일 수밖에 없다. 현행 선거제도에 의하면 그렇게 될 수밖에 없다. 그렇더라도 운영의 묘를 살리면 이 정치적 행위를 주민을 위한 행정의 행위로 얼마든지 전환할 수 있다.

그 관건은 내가 보기에 이런 정책의 지속성과 일관성이 아닐까 싶다. 한두 번 시행하며 생색내기에 치중한다면 그건 논할 가치조차 없는 것이고, 시행하면서 나타나는 문제점을 보완하여 보다 나은 제도로 진화시키는 것 말고 이랬다저랬다 하는 식으로 정책의 기조를 갈팡질팡하거나 여론에 민감하게 휘둘린다면 그건 아니다.

많은 비용을 들이는 것만이 알찬 복지가 아니다. 야쿠르트 아줌마들의 힘에서 보듯 야쿠르트 한 병이 사회를 어떻게 따뜻하게 만드는 지 알 수 있었다. 진심으로 다가가 말벗이 되어주고 이들에게 필요한 도움이 실질적으로 무엇인지를 파악하여 그런 것들을 해결할 수 있도록 노력을 기울인다면 복지 수여 대상자들의 삶 역시 보다 따뜻해질 것이다.

한 가지 더 뱀다리를 덧붙이면, 설령 정치적 목적이 숨겨진 정책이라고 할지라도 시작은 그렇게 시작되었지만 운용하는 과정에서 이런 정치색은 당연히 탈피되게 마련이다. 정치라는 것은 워낙 휘발성이 강한 것이라 진정성 앞에서는 맥을 못 추는 단점을 갖고 있다. 그렇게 하여 그 정책을 시행한 지방자치단체장이 다음 선거에서 유권자들의 지지를 받는다면 그것 또한 용인할 수 있는 거 아닐까. 주민을 위한 정책을 펴서 환심을 사고 그 환심이 표로 이어지고…, 이런 순환은 긍정적인 것 아닌가. 바로 이 순환의 한 가운데서 실질적인 역할을 하는 사람들이 바로 통장이고 그 통장들의 신발 바닥이 얼마나 닳았느냐에 따라 주민들의 삶의 질은 향상되는 것 아닐까. 아, 그렇다고 모든 것을 통장들에게 맡기면 안 된다. 그들은 통장이 직업이 아니라 주민을 위한 봉사직이고, 생업은 다른 일로 꾸려나간다.

식코, 결코 남의 일 같지 않다

의료보험에 관한 이야기를 하다보면 화제는 끝말잇기처럼 자연스레 옮겨가기를 거듭하다 영화 '식코'(sicko)에 다다르는 경우가 많다.

미국에서 2007년에 개봉된 영화 '식코'는 미국의 진보 성향의 영화감독 마이클 무어가 미국의 의료보험제도의 허점을 고발한 다큐멘터리 영화이다. 그런데 영화제목 'sicko'는 '이상 심리 소유자' 또는 '정신병자 같은 사람'을 뜻하는 영어단어인데서 알 수 있듯 뭔가 부조리한 것을 고발하려는 의도가 담겨 있는 뉘앙스다.

어쨌든 영화에 문외한인 내가 보기에도 이 영화는 이념을 초월해 현대 사회에 던지는 문제의식은 간단치 않아보였다.

한 웹사이트로부터 미국 의료제도의 모순을 겪은 사람들

의 실제 사례를 모아 다큐멘터리로 엮은 이 영화에는 손가락 두 개가 잘린 노동자가 보험에 들지 못한데다 돈도 없어 한 손가락만 봉합하고 나머지 한 손가락은 쓰레기통에 버린다든지, 병원 갈 돈이 없어 환자가 직접 바늘로 상처 부위를 꿰맨다든지, 상식적으로 이해하기 어렵고, 또 끔찍한 이야기들이 가감 없이 등장한다.

나는 이 영화를 영화로 보지 않았다. 따라서 영화 감상기라면 으레 등장하는, 스토리 전개가 어땠느니, 영상미가 어땠느니, 음악이 어땠느니 따위의 요소들은 영화를 보는 내내 안중에도 없었다. 단지 내 눈에 비친 영상은 계속 "진짜야?"고 되묻게 만들었다. 영화를 다 보고 난 뒤에도 난 영화 속의 이야기는 모두 극적 효과를 높이기 위한 연출한 것들, 즉 허구라는 생각에서 벗어나지 못했다. 전혀 현실감을 느낄 수가 없었다. 그래서 난 이 영화에서 목격한 장면들의 리얼리티를 실감하지 못해 이 영화가 주는 메시지를 정확하게 읽지 못했다.

그런데 이 영화를 보고난 며칠 뒤에야 비로소 난 매우 심각한 영화였다는 것을 느끼기 시작했다. 아, 그게 이런 거였구나. 이 영화의 메시지는 한 마디로 '돈이 없으면 치료도 못 받느냐'는 항변이었다.

오바마 대통령이 의료보험 개혁에 그토록 목을 맨 이유를 이제야 알 것 같았다. 알다시피 버락 오바마 미국 대통령은 후보 시절 의료보험 개혁을 선고공약으로 내세우면서 자신이 대통령이 되면 백악관에서 첫 법안서명은 '의료 보장에 관한 것'이 될 것이라고 기염을 토했었다.

그가 이런 공략을 할 수밖에 없었던 배경도 있었다. 자신의 어머니가 생애 마지막 한 달을 병세 회복보다는 의료 보험 비용에 대한 걱정을 하면서 지냈다는 것. 이걸 보고 오바마는 이런 일이 일어나서는 안 된다고 생각했다고 한다.

미국은 인구가 3억 명 중 노인인구를 뺀 2억6000만에서 의료보험에 들지 않은 인구가 무려 18%인 4천700만 명에 달한다고 한다. 병원에 가면 모든 치료비를 자비로 부담해야 한다. 병원에 가서 치료를 받아본 사람들은 모두 경험하였듯이 실제 진료비에서 상당부분은 의료보험에서 지불하고 실제 내는 돈은 얼만 안 된다. 그런데 이 모든 비용을 다 낸다고 생각해보라.

그러니 영화 식코처럼 스스로 바늘로 꿰매고, 손가락을 던지는 일이 일어날 수밖에 없다는 생각이 든다.

그런데 이 영화를 보고 나는 미국에 비하면 우리나라는 의료보험에 관해서만큼은 참 좋은 나라라는 생각이 강하게 들었다. 모든 국민이 똑같은 혜택을 누리는 이런 의료보험제도가 있다니, 새삼 신기했다. 물론 건강보험료를 연체하여 의료혜택을 못 받는 저소득계층의 문제가 없는 것은 아니지만 그래도 부담 없이 병원에 갈 수 있는 우리의 의료보험체계는 미국에 비한다면 월등히 좋은 제도이고 분명 혜택이다.

오바마 대통령이 의료보험 체계를 완전히 뜯어고치겠다고 팔을 걷어붙인 이유를 이제야 알 것 같다.

미국에서 의료보험제도가 '뜨거운 감자'가 된 것은 오래된 일이다. 대공황 시기인 1935년에 루즈벨트 대통령이 개혁을 시도하였고, 이후 트루먼 대통령이 1945년에 시도했다가 역시 실패한 역사를 갖고 있다. 1972년 메디케어와 메디케이드라는 공적의료보험을 도입한 것이 그나마 성과라면 성과. 하지만 이런 공적 보험으로 혜택 받는 사람은 노인, 빈민 등 20%에 불과하다. 나머지는 국민들은 모두 민간 의료보험에 가입해야 하는데, 그 비용이 만만치 않아 가입하지 않은 사람들이 엄청나게 많은 게 현실이다. 그래서 모든 국민에게 골고루 혜택이 돌아갈 수 있는 의료보험 제도 요구된다.

아이러니컬하게도 미국은 우리나라가 30년 전에 시행했던 전국민의료보험이 목표라고 한다.

골자는 모든 민간의료보험 회사들은 과거 병력, 개인의

건강상태에 따른 가입 거절을 할 수 없도록 법으로 강제하고, 또 중간 규모 이상 기업들은 직원들에게 의료보험을 제공해야 하며, 소규모 사업장 고용주에게는 직원에 대한 보험료 부담을 경감하기 위해 세액공제 혜택을 주는 것 등이라고 한다.

하지만 오바마의 의료보험 개혁이 과연 성공할 수 있을까 하는 점에는 많은 사람들이 의구심을 나타내는 것이 사실이다. 하지만 강력한 의지와 함께 실질적인 실천이 뒤따른다면 못할 것도 없다는 생각이 든다. 물론 우리나라처럼 예전부터 제대로 틀을 갖추어 제도가 이루어졌다면 훨씬 비용을 덜 들이고도 개혁할 수 있었을 텐데 하는 생각이 드는 것도 또한 부인할 수 없는 가진자의 오만을 부려본다.

그래서 드는 생각은 첫 단추를 잘 끼워야 나머지 단추가 제자리를 찾듯 어떤 정책이든 면밀한 검토와 분석을 거쳐 제대로 만들어내는 것이 중요하다는 생각이 든다.

4대 보험은 왜 의무여야 하는가

구인광고를 보다가 보면 '4대 보험'을 가입해준다는 문구를 발견할 수 있다. 여기서 말하는 4대보험이란 국민건강보험, 국민연금보험, 고용보험, 산업재해보상보험을 말한다.

가입해준다는 의미가 안 해줘도 되는데 사원복지 차원에서 시혜를 베푼다는 의미로 들리는데, 글쎄 이건 시혜 차원이 아니라 근로자라면 의무적으로 자동가입되게 돼 있다.

아주 가까운 예로 다니던 직장에서 그만두면 곧바로 집으로 국민건강보험공단에서 '지역가입자'임을 확인하며 건강보험료 고지서가 배달돼 온다. 이렇게 자동적으로 업무가 처리되는 것은 개인의 의사와 무관하게 법에 따라 의무적으로 집행되는 제도이기 때문이다.

이들 4대 보험은 사회보장제도의 핵심제도로 우리는 이 4

대 보험을 사회보험이라고 부르는데, 사회보험기본법 제3조 제3항에 따르면 사회보험이란 "국민에게 발생하는 사회적 위험을 보험방식에 의하여 국민보건과 소득을 보장하는 제도"이다.

그래서 사회보험은 사회적 평등성을 나타내는 사회성과 공통의 위험에 대비해 공동부담하는 보험성, 국가가 개입하여 재분배의 성격을 갖는 강제성, 또한 고소득층의 부담으로 저소득층의 부담을 줄여주는 부양성 등을 특징으로 한다.

우리나라가 사회보험제도를 본격 도입한 것은 1960년대 초부터 실시한 공무원과 군인연금제도가 처음이며, 1963년에 산업재해보험이 도입되었고, 1970년에 의료보험제도(현 국민건강보험제도), 1988년에 국민연금제도, 1995년에 고용보험제도가 각각 도입되었다.

그런데 사회보험은 개인보험처럼 자유의사에 의해서 가입하는 것은 아니며, 보험료도 개인·기업·국가가 서로 분담하는 것이 원칙이다. 보험료의 계산에 있어서도 위험의 정도보다는 소득에 비례하여 분담함을 원칙으로 함으로써 소득의 재분배 기능을 가진다.

1963년 의료보험법에 의해 직장의료보험을 시작으로 도입된 국민건강보험은 1988년에 농어촌 의료보험이 실시되었고, 1989년부터 도시 자영업자에게 확대되었고, 2000년 7월 1일부터 지역의료보험과 직장의료보험의 대통합하여 거듭나 오늘에 이르고 있다.

의료보험이 처음 도입됐을 때 감기로 병원을 찾았다가 적은 병원비에 의료보험의 필요성을 절감했던 기억들을 갖고 있을 것이다. 그러나 1년 내내 병원 한번 가지 않는 건강체질들은 보험료를 괜히 내는 것 같아 아까워하기도 하였다.

그러나 이것도 일반 보장성 보험의 역할과 같다고 생각해보면 언제 찾아올지 모를 질병을 적은 비용으로 치료할 수 있다는 기대심에서 월급에서 꼬박꼬박 자동공제돼 나가더라도 이젠 생돈 낸다는 느낌은 아니다.

1988년에 10인 이상 사업장에서 시작하여 1998년 12월에 전 국민을 대상으로 확대하면서 명실상부한 국민연금시대를 열었지만 국민연금제도는 아직도 국민적 저항이 있는 것 같다. 이거야 말로 노후 대비용으로 꼬박꼬박 적지 않은 돈을 월급에서 공제했는데, 기금 운용이 방만하다든지, 투자했다가 손해봤다든지 등 들여오는 소리가 신경 쓰이게 만들 뿐만 아니라 나중에 받을 급여도 애초 공언했던 것보다 훨씬 적을 것이라는 등 부정적인 말들이 아직도 끊이지 않고 있기 때문이다.

1995년에 처음 시행하여 역사가 일천했지만 1998년 아이엠에프 때 그 진가를 톡톡히 발휘한 고용보험은 생각보다 빨리 정착한 것 같다. 사실 가장이 실업상태에 놓이면 생활비 때문에 전전긍긍해야 하는 가정은 몹시 불안할 수밖에 없다. 그러다보면 실직자가 차분하게 직장이나 직업을 구할 수 없이 아무거나 닥치는 대로 임금을 받을 수 있으면 일하는 형태로는 안정적인 직장을 구할 수 없다. 하지만 몇 달만이라도 생계비 걱정을 덜 수 있다면 직장이나 직업을 구하는 방법과 질이 달라지게 되고 결국 안정적인 선택을 도모할 것이다. 그런 점에서 고용보험은 역할과 사명이 크다.

근로자가 업무상 재해를 입었을 때 역시 마찬가지다. 재해를 당한 사람의 치료비는 누가 부담해야 할까. 근로자 입장에서는 당연히 일을 시킨 회사가 져야한다고 생각할 테지만 회사 입장에서는 많은 비용에 부담될 수도 있다. 또한 가족들의 생계비 역시 부담스럽다. 이런 것들을 산업재해보상보험을 통해 해결한다면 회사 입장에서는 평소에 조금씩 보험료를 납부하였다가 혜택을 본다면 적은 비용으로도 감당할 수 있게 된다.

그런데 이런 것들을 개인의 의사에 맡긴다면 과연 제대로 운용될 수 있을까. 내가 보기엔 거의 불가능하다고 본다. 또한 이 모든 것을 개인이 혼자 부담하도록 한다면 어땠을까. 개인이나 개인의 가족에게 닥칠 위험이나 생활대책을 개인과 국가나 회사가 함께 공동부담하여 대비하는 제도이기에, 그래서 강제성을 띠고 있기에 그나마 원활하게 운용될 수 있지 않을까 생각해본다.

물론 이 사회보험을 강제시행하다 보면 여러 가지로 부작용이 있고, 또 이마저 감당하기 어려운 사회적 약자들이 존재하기 마련이다. 아무리 좋은 제도라 해도 모든 사람을 똑같이 만족시킬 수 있는 제도는 이 세상에 존재하지 않을 것이다. 다만 불만족한 사람보다 만족한 사람이 더 많도록, 또 불만족한 사람의 수가 점점 줄어들도록 하는 것이 좋은 제도이다. 아마도 우리의 4대 보험 제도도 불만이 점차 줄어드는 제도로 진화했으면 한다.

미국이 의료보험제도를 우리의 건강보험처럼 바꿔보려고 시도하고 있는데, 그게 말처럼 쉽지 않음을 우리는 목격하지 않았는가.

소설 '올리버 트위스트'

사회복지를 담당하는 사람들에게 으레 권하는 소설이 하나 있다. 영국소설가 찰스 디킨스(Charles Dickens : 1812~1870)가 1838년에 낸 『올리버 트위스트(Oliver Twist)』가 그것이다. 혹자는 그거 영화제목이 아니냐고 할지 모르겠다. 맞다. 영화로도 나왔고, 뮤지컬로도 만들어져 인기몰이를 한 화제작이다. 하지만 이들 장르의 작품들은 모두 찰스 디킨스의 동명소설을 원작으로 하고 있다.

19세기는 자본주의가 한창 발흥을 도모하던 때였다. 특히 이런 과도기엔 양지가 있으면 음지도 있게 마련. 번영의 뒤안길엔 커다란 사회문제가 뱀처럼 똬리를 틀고 앉아 있었다. 빈곤과 노동착취 등. 작가 스스로 이러한 사회의 모순과 부정을 겪었던 터라 작가 디킨스는 바로 이런 곳에 시선을 두고 작품을 쓴다.

영국 북부의 구빈원에서 한 여자가 남자 아기를 낳고 숨을 거둔다. 뒷날 '올리버 트위스트'라고 불리는 이 아이는 졸지에 고아가 되어 신민구제법에 의해 고아원에서 생활한다. 고아원 시설이 열악하고 또 넘쳐나는 아이들도 북적거렸음은 굳이 설명 안 해도 누구나 짐작할 수 있는 뻔한 설정이다. 작품상 설정이라 해도 당시의 현실 그대로다.

그런데 이 고아원은 무늬만 고아원일 뿐 사실은 아이들의 노동력을 착취하는 거나 다름없었다. 노동 대가로 아이들이 받는 것은 멀건 죽 한 그릇이 고작이었다. 그러니 한창 먹어야 할 아이들이 늘 배고픔에 시달려야 함은 당연지사. 그래서 올리버는 감독관에게 죽을 더 달라고 하는데, 너무도 당연한 요구는 결국 '죄인'의 딱지가 된다. 감독관은 기름진 고기로 배를 채우는 위인이었음은 말할 나위도 없으리라.

그래서 죄인 올리버는 장의사에게 팔려가고, 그곳의 가혹한 생활을 견디지 못해 결국 그곳을 탈출하여 무작정 런던으로 간다. 이렇게 런던에 입성한 올리버 앞에 행복은 없었다. 그곳에서 빈민굴 아이들에게 소매치기를 시키는 패긴을 만나 서점에서 책을 보던 아저씨의 주머니를 소매치기하다 걸려 결국 경찰에 붙잡힌다. 그런데 그곳에서 올리버는 친절한 서점주인 브라운 로우의 도움으로 풀려나고 아예 그의 집에서 함께 산다.

그런데 패긴은 올리버가 경찰에 자신을 고발할지도 모른다고 생각하여 심부름 나온 올리버를 납치하고 그리고 그의 후견인인 브라운 로우의 집을 함께 털러 간다. 협박에 못 이겨 창문을 통해 브라운 로우 집에 들어간 올리버는 양심을 가책을 느껴 도망치다 브라운 로우에게 발각되고 총상을 입는다. 이어 우여곡절 끝에 올리버는 다시 브라운 로우에게 되돌아오는데, 이때 올리버는 엄마의 유품인 외할머니의 사진이 든 금제 목걸이를 통해 출생을 비밀을 알게 된다. 그리하여 올리버는 자신을 도와준 브라운 로우가 아버지의 친구임을 알게 되고, 결국 그의 양자가 되어 행복하게 산다는 이야기다.

그렇다. 이 작품에는 복지와 관련된 문제들이 총체적으로 등장한다. 구빈원, 고아원, 어린아이 노동, 소매치기, 자선사업가, 양자 등.

이런 문제들은 자본주의가 만들어지기 훨씬 이전부터 있어온 문제이긴 하지만 자본주의가 만들어진 18세기를 전후해 보다 심각해졌다고 볼 수 있다. 그리고 이 문제는 지금도 여전히 현재진행형으로 기능하고 있다.

배고픔을 참지 못해 죽 한 그릇만 더 달라며 죽그릇을 내미는 고아소년 올리버의 모습은 19세기 유럽 어린이들이 처한 배고픈 현실을 상징한다. 당시 어린이들의 이런 비참함은 무엇 때문에 비롯되었을까. 도시화 산업화에 등 떠밀린 농민들이 돈 많이 벌어 인간다운 삶을 영위할거라 믿으며 너도나도 도시로 도시로 이주하였으나 도시는 이들 촌뜨기들에게 호락호락한 곳이 아니었다. 1960, 70년대 우리의 실정을 생각해봐도 쉽게 그려지는 그림이다. 하루 종일 일해도 입에 풀칠하기 어려운 지경이니 아이들의 배곯이는 필수품이 됐다. 또한 템스 강 인근에 다닥다닥 붙은 집들이 상징하듯 주거환경 또한 열악하기 그지없었고, 어린 굴뚝 청소부의 존재는 빈민계층을 의미하는 아이콘이었다.

당시 런던 인구는 약 65만 명이었는데, 영국 전체 인구의 11%였다고 한다. 얼마나 도시로 인구집중화가 이루어졌는지를 알 수 있다.

그런데 이 소설을 통해 들여다 본 18세기 영국의 모습은 결코 남의 일이 아니라 우리 자신의 자하상이라는 생각을 지울 수 없는 것은 나만일까, 우리는 과연 온 국민이 함께 더불어 살아가는 아름다운 모습을 만들낸 것일까, 자꾸 이런 질문을 하게 된다.

물론 그 동안의 우리의 모습은 아니었다는 대답에 방점이 찍힌다. 산업화 시대 허리띠를 졸라매고 '인간다운 삶'은 사치라며 오직 돈만을 위해 몸과 마음을 다 바쳤던 것이 사실이다.

그러나 이제는 달라졌다. 시쳇말로 이젠 좀 살만해졌으니까 무조건 개처럼 돈만 쫓을 것이 아니라 정승처럼 품위 있게 쓸 줄도 알아야 하는 때이다. 혹자는 배부른 소리 하지 말라고 할지도 모르겠다. 하지만 아니다. 원조 받던 나라에서 원조하는 나라가 되지 않았는가. 이제부터 베푸는 삶이 대세다.

지하철 공짜로 타는 노인에 대한 생각

김황식 총리가 '복지문제'를 건드렸다가 호된 신고식을 치렀다. 알다시피 김 총리는 2010년 10월 20일 기자들과 가진 간담회 자리에서 "65세 이상이 되면 지하철 탑승권이 무료인데, 적자로 지하철을 운영하면서 왜 그러느냐"고 했던 것. 물론 김 총리는 이날 간담회에서 노인들 지하철 공짜 타기를 문제 삼았다기보다 도움이 필요 없는 사람들까지 일괄로 지원되는 현행 복지제도 중 일부가 '과잉복지'라는 것을 지적하기 위해 이를 예로 들었던 것인데, 가리키는 달 대신 손가락만 본 여론이 그냥 두질 않았던 것이다.

이에 대해 김 총리로서는 억울할 수도 있다. 또 판사 출신인지라 정치와 무관한 곳에서 일생을 보낸 터여서 총리의 말 한마디가 갖는 무게감 같은 것을 전혀 모르고 있다가 한

방 얻어맞은 것일 수도 있다.

하지만 이 문제는 또 다시 우리 사회에 '선별적 복지'와 '보편적 복지'에 대한 논쟁에 불을 지폈다.

김 총리는 "아껴서 정작 필요한 사람에게 주자는 것이다. 부자들에게 주는 혜택은 줄일 수 있으면 줄이는 게 좋다"고 선별적 복지의 입장을 피력했다. 또한 김 총리는 "노인이라고 해서 다 노인수당을 주는데 한 달에 몇 만원의 노령수당을 왜 나한테 주느냐. 정작 필요한 사람에게 주지라고 이야기하는 사람이 있다"면서 "복지도 결국 생산과 연결돼야 하는데 과잉복지가 되다보니 일 안하고 술 마시고 알코올 중독되고 있다"고도 했다.

그러자 어떤 이는 누군가가 해야 할 말을 표가 두려워 못하는 우리 정치 풍토를 생각하여 용기 있는 행동이라고 추켜세우기도 하고, 어떤 이는 지하철을 타는 사람들 대부분이 생활이 넉넉지 않은 노인들이고 실제 부자들은 지하철 같은 것은 타지 않는다며 서운해 하기도 했다.

또 국사편찬위원장을 지낸 이만열 교수 같은 분은 '공짜 지하철 타는 입장에서'라는 제목의 칼럼을 통해 노인의 공짜표로 연간 2천억 원이 넘는 적자가 난다고 한다지만 그 거금은 부가적 효과를 유발하지 않느냐고 반문했다. 노인들을 뒷방살이 시켜 스트레스 등으로 생길 사회적 비용에 비해 훨씬 적을 것이라고 주장하기도 했다.

난 이 교수의 이 의견에 나름 동의하는 입장이다. 노령화 사회에 따른 사회적 비용은 눈에 보이는 것만이 아니다. 가령 외국의 어떤 도시-우리나라에서도 이런 시도를 하는 곳이 있긴 하지만-의 경우 지방정부 차원에서 비만문제에 접근한다. 비만으로 인해 치러야 할 비용(치료비 등)보다 비만을 예방하는데 들어가는 비용이 더 적을 뿐만 아니라 시민들이 건강한 삶을 영위할 수 있기 때문이다. 우리나라도 요즘은 금연 문제 같은 것을 국가 차원에서 접근하지 않은가.

마찬가지다. 노인으로 인해 발생하는 사회적 비용을 줄이기 위해서는 스트레스를 받지 않도록 하는 것이 중요한데, 집에 있음으로 해서 발생할 수 있는 가족 간의 갈등문제까지 치유될 수 있다면 이보다 더 좋은 노인 복지 정책이 어디 있겠는가.

또한 이들 노인들이 지하철을 타고 다니면서 골목상권에 기여하고 그러면 결국 생산에 역할을 하게 된다고까지 주장하면 지나친 논리의 비약일까.

그래서 김황식 총리의 지적은 한편으로 옳고 한편으론 그르다. 시쳇말로 가운데에 서서 여론이 덜 한 쪽은 과감하게 지적하고, 더 한 쪽에는 하고 싶은 말을 내뱉지 않고 삼켜버리는 이중적 행태라고 비난할지도 모르겠다. 하지만 김황식 총리의 지적은 그런 식의 접근으로 바라보는 것은 무리다.

그런데 노인 지하철 공짜 타기라는 김 총리의 예 들기가 순식간에 메인 어젠더로 둔갑만 하지 않았더라면 어떻게 되었을까? 아마도 지하철을 공짜로 탈 만큼 절박한 노인들은 지하철마저 맘대로 못 타게 한다고 볼멘소리를 하였을 테고, 조금 여유 있는 노인은 무슨 일이 일어났는지조차 모르고 지나쳤을 수도 있었을 것이다.

김황식 총리가 예상과 달리 큰 이슈가 되자 서둘러 수습에 나섰고, 급기야 대한노인회에 이메일을 보내 "발언 취지가 잘못 전달돼 본의 아닌 논란을 야기함으로써 어르신 여러분과 노인회 회원들께 심려를 끼쳐드린 데 대해 유감스럽게 생각한다"면서 "이번 발언은 노인들의 지하철 무임승차 자체에 반대한 것이 아님을 양지해 주셨으면 한다"고 했다.

문제 제기 또한 적절치 못한 면이 있었듯 이왕지사 만들어진 모처럼의 토론 기회를 서둘러 봉합하는 것으로 보아 왜 말을 꺼냈는지 외려 새로운 의문이 든다. 그래서 나는 이 차제에 이런 제안을 하고 싶다. 이왕지사 던져진 이슈라면 치열한 토론을 통해 보다 합리적이고 실용적인 대안이 창출됐으면 한다. 보다 열띤 토론을 하자는 것이다.

한편 이 문제에 대한 나의 대안을 제시해보겠다. 지하철 무임승차 제도는 부자든 가난하든 모든 노인들에게 지원하는 것은 옳은 방향이다. 이들 노인들은 이 정도의 혜택은 받을 수 있을 만큼 젊은 시절 국가와 민족과 사회를 위해 헌신해왔다고 생각한다.

따라서 모든 분들이 받을 수 있도록 하되 이런 혜택이 없어도 된다고 생각되는 분들은 자발적으로 요금을 내고 지하철을 타는 운동을 벌이면 어떨까? 형편이 되는 노인들은 그 많은 적자를 젊은 자식 세대에 모두 전가하는 것이 부담을 느낀다면 말이다. 다만 이런 캠페인에서 전제할 것은 철저하게 노인들에 의해 기획되고 노인들에 의해 캠페인이 전개되어야 한다는 점이다. 혹시나 시민단체나 젊은 세대가 개입된다면 그 숭고한 본질이 훼손될 우려가 있다. 또 그 성과를 염두에 두지 말아야 한다. 얼마의 금액이 절약되었는가 하는 따위의 셈이 시작되면 이 또한 본질을 훼손하는 지름길이다.

어쨌든 우리 사회는 노인과 젊은이가 함께 할 사회이기에 젊은이의 부담을 줄이면서 아울러 노인들의 삶의 질 또한 기본적으로 보장되는 그야말로 이 문제에서도 윈윈전략이 구사되어야 한다.

빅이슈가 된 노숙자 잡지 〈빅이슈〉

정말 잡지 제목 '더빅이슈(The Big Issue)' 그대로 세상에서 빅이슈가 되어 사람들의 이목을 끈다면 이처럼 좋은 일은 없을 것이다. 그런데 결론부터 말하면 이 잡지는 그런 점에서 빅이슈가 되면서 일단 론칭하는데 성공했다.

그깟 잡지 하나가 나름 화제가 됐다고 해서 이 책에서까지 호들갑을 떨 필요가 있겠느냐며 떨떠름한 표정을 지을 독자들이 있을 지도 모르겠다. 하지만 이 잡지는 우리가 평소에 접하는 그런 종류의 잡지가 아니다. 이 잡지의 탄생 배경이나 영업방식을 알고 나면 내가 왜 큰 의미를 부여하고 글까지 썼는지를 공감하게 될 것이다.

〈더빅이슈〉는 노숙자(홈리스)와 청년들의 자립을 돕는 '소셜 엔터테인먼트 매거진'이다. 요즘 흔한 말로 '소셜'이란 말이 굉장히 뜨는데, 이 잡지의 성격이 바로 '사회적'인 역할과 기능을 갖고 있다는 것이다.

이 잡지의 역사는 1991년으로 거슬러 올라간다. 순수자연주의 화장품을 표방하는 더바디샵 창업자 고든 로딕이 1991년 미국의 뉴욕 거리를 걷다 우연히 〈스트리트 뉴스〉라는 노숙인 잡지를 보게 됐다고 한다. 여기서 아이디어를 얻은 고든 로딕은 출판 경험이 있는 노숙자 존 버드와 함께 노숙인 잡지 창간을 시작한다. 〈더빅이슈〉 창간호는 1991년 10월호로 발간됐다.

얼핏 보기에 여느 잡지와 다를 바 없는 〈더빅이슈〉가 정말 '빅이슈'가 된 것은 노숙자들의 자활을 돕는 역할을 한다는 점이다. 노숙자들에게 구걸이나 동정 대신 노동의 기회를 제공하여 자활할 수 있도록 한다. 그래서 판매방식이 독특하다.

〈더빅이슈〉의 판매 방식은 우선 판매자인 '벤더'(우리나라에서는 '빅판'이라 부름) 만이 팔 수 있다. 우리가 항상 잡지를 살 수 있는 서점이나 가판에서는 판매하지 않는다. 벤더는 당연히 노숙자이다. 애초 영국에서는 맨 처음 일하는 벤더에게 〈더빅이슈〉 5부를 공짜로 준다. 그러면 벤더는 이 잡지를 판 돈을 종자돈으로 삼아 다음호부터는 유료로 사서 판다. 잡지사에서 흔한 말로 서점이나 도매상에게 넘기는 것처럼 공급가로 받아 정가로 팔아 그 차액만큼 이윤을 얻는다. 이렇게 거듭하면 판매부수도 점차 늘 것이고 그러면 종자돈이 늘고늘어 자립할 수 있는 기틀을 마련할 수 있다는 논리다.

이렇게 진화와 확장을 거듭한 〈더빅이슈〉는 이제 영국 내에서만도 67만 명이 보는 잡지로 성장했을 뿐만 아니라 전 세계 30여 개국에서 발간된다. 우리나라도 2010년 7월에 창간되었다.

한국판 창간호는 모두 2만 부가 발행되어 한 달간 모두 4200부 정도 팔린 것으로 잡지사측은 집계했다. 창간호는 맨 처음 노숙자(빅판)에게 10부씩 무상으로 제공하고, 빅판은 이를 3,000원에 판다. 이후부터는 빅판이 부당 1400원씩 사서 3,000원 받고 팔면 부당 1,600원의 이윤이 생긴다.

그런데 한국판 창간호의 경우 모두 4,200부가 팔렸는데, 창간호 중에서 가장 많은 소득을 올린 빅판은 80만원이며, 가장 적게 번 사람은 17만 원이었다고 한다. 10여 명의 빅판 평균수익은 40만원 선이었다고 한다.

그런데 관심을 끄는 것은 빅판의 행동수칙이다. 행동수칙은 모두 10가지로, △배정받은 장소에서만 판매한다 △빅이슈 ID카드와 복장을 착용하고 판매한다 △빅판으로 일하는 동안 미소를 지으며 당당히 고개를 든다 △술을 마시고 빅이슈를 판매하지 않는다 △흡연 중 빅이슈를 판매하지 않는다 △판매 중 시민들의 통행을 방해하지 않기 위해 가장자리에 자리 잡는다 △우리 이웃인 길거리 노점상 등과 다투지 않고 협조한다 △빅판으로 활동하는 동안에는 빅이슈만 판매한다 △긴급 상황 시 반드시 빅이슈로 연락한다.(시비, 다툼, 폭행, 판매지 이동요구, 건강이상 등) △하루 수익의 50%를 저축한다 등.

빅판이 되려면 일단 이 행동수칙을 준수하겠다고 서약하고 일정 시간 교육을 이수한 뒤 정해진 장소에서 잡지를 판매하게 된다. 판매 시작일부터 15일간 임시 ID카드가 발급되는 임시 빅판으로 활동하고, 15일간 임시 빅판으로 꾸준한 판매를 진행한 경우 정식 ID카드를 발급하고, 판매 지역에 대한 우선권을 부여하는 정식 빅판으로 활동하게 된다고 한다.

또한 꾸준히 활동하는 빅판에겐 6개월간 고시원 생활을 하며 300만원 이상 저축을 하면 임대주택에 입주시키고, 직업교육이나 창업교육도 지원한다.

요즘 사회적 기업이 많이 생겨나 어려운 처지에 있는 사람들에게 일자리를 제공하는 등 긍정적인 효과를 거두고 있다는 점에서 복지 분야에서는 사회적 기업에 거는 기대가 매우 크다.

그런 점에서 〈빅이슈〉의 역할과 기능은 국가나 사회가 도움이 필요한 이들에게 진정 무엇을 해야 하는지를 깨우쳐준다. 흔한 말로 고기가 아닌 낚시질을 가르치는 복지시스템이 무엇보다 중요하다는 것을 가르쳐준다.

"돈은 내게 아무것도 못 된다. 가장 나쁜 것은 돈을 모아 쌓아두려는 탐욕이다."

〈더빅이슈〉의 창업자 인고든 로딕의 부인 애니타 로딕이 2007년에 죽으면서 남겼다는 유언이다. 사망하면서 그녀는 5100만 파운드(약 1천억 원)의 재산을 두 자녀가 아닌 자선재단인 로딕재단에 넘겼다고 한다. 역시 아름다운 사람은 뭐가 달라도 다르다는 생각을 지울 수 없다. 그리고 우리 자신을 다시 한번 되돌아보게 한다.

노숙자 월드컵

"승리보다 중요한 것이 있다. 행복한 삶이다. 우리가 축구를 통해 진정 얻고자 하는 것이다."

축구가 우리의 삶에 행복을 가져다 줄 수 있는 매우 괜찮은 것이란 의미를 담고 있는 이 말은 유명축구선수의 어록처럼 들릴지 모르겠다. 그러나 이 말은 아직 우리에겐 무척 낯설기만 한 '홈리스 월드컵(Homeless World Cup)'이 내세우는 슬로건이다.

홈리스 월드컵 –.

월드컵은 전 세계를 열광의 도가니로 몰아넣는다는, 그래서 올림픽보다도 더 권위 있다고 우리 모두가 인정하는 바로 세계축구대제전이라는 것쯤은 상식에 속하는 것이라 더 이상의 설명은 뱀다리가 될 터이므로 줄이고, 홈리스는 '집

없는 부랑자'라는 말로 우리는 '노숙자'로 부르니까 '홈리스 월드컵'은 '노숙자 월드컵'이라 할 수 있을 것 같다.

월드컵이 국가 대 국가가 대결을 벌이는 이른바 A매치 대회인 것처럼 홈리스 월드컵 역시 국가 대 국가 대항전을 치른다. 그럼 지역 예선이 있는지 하는 따위의 질문은 하지 않길 바란다. 이 대회가 그 규모나 관심 점차 높아지고 있는 것은 사실이지만 자본의 논리로 움직이는 그런 상업성이 짙은 월드컵과는 그 성격이나 대회 취지가 다르기 때문이다. 답은 지역 예선 같은 것은 없다.

홈리스 월드컵은 앞의 '빅이슈가 된 잡지 〈더빅이슈〉'에서 소개했던 노숙자들의 재활을 돕는 잡지 〈더빅이슈〉의 제안으로 탄생하여 2003년 오스트리아대회에서 첫 대회를 열었다.

당시 첫 대회에는 모두 18개국에서 참가했고, 8회째인 2010년 브라질 대회에는 43개국이 참가했다고 하니, 양적으로도 많이 성장한 것으로 보인다.

우리나라는 2010년 대회에 처녀 출전해 참가국 43개국 중 43위를 차지했다고 한다. 말 그대로 승리보단 참가하는데 더 의의가 있는 출전이었다. 모두 11경기를 치렀는데, 단 한 번 이겼다고 한다. 단 한 번의 승리는 현지인을 2명까지 자국선수로 뛰게 할 수 있다는 조항에 따라 현지에서 급조한 브라질 선수 2명의 혁혁한 실력 덕분이었다고 한다.

그러나 이들 한국선수단이 이 대회에 참가하기까지는 많은 우여곡절이 있었다. 물론 가장 큰 걸림돌은 경비 문제였다. 브라질까지 여러 명의 선수가 가서 숙식을 해결하며 대회를 치르려면 상당한 비용이 들어가게 마련인데, 이걸 마련하기가 쉽지 않았던 것이다.

기업들은 기업 이미지에 영향을 미칠까봐 선뜻 지원에 나서지 못하고 있다는 말도 들렸다. 결국 〈빅이슈코리아〉의 한 직원이 다음 아고라에 모금운동을 제안하는 글을 올렸고, 이 제안에 공감하는 네티즌들의 폭발적인 기부로 대회 참가경비를 마련했다는 후문이다. 그리고 대회에 참가한 선수단은 1승10패의 전적을 기록했지만 최우수신인상을 받았다.

그런데 홈리스 월드컵이 세계를 깜짝 놀라게 하는 사건이 벌어졌다. 그것은 다름 아닌 이 대회 출신 선수가 전 세계 축구선수들의 로망인 영국 프리미어리그의 전통의 명문 맨체스터유나이드에 영입되었던 것이다. 베베로 알려진 이 선수는 포르투갈 출신의 스무 살 청년 티아구 마누엘 디아스 코헤리아로, 어린 시절 고아원과 길거리에서 지냈고, 노숙자 월드컵에 참가했던 전력의 소유자이다.

맨체스터유나이드가 어떤 팀인가. 우리의 축구영웅 박지

성 선수가 맹활약하는 바로 그 팀 아닌가. 그런데 그의 영입 금액이 무려 740만 파운드(약 134억 원)인데, 5년 전 박지성 선수의 이적료가 400만 파운드였던 점을 감안하면 천문학적인 숫자이다.

우리는 이 홈리스 월드컵을 통해 도움이 필요한 사람들을 위해 무엇을 해야 하는지를 알 수 있다. 잡지를 팔아 그 이윤을 실현하는 경험을 통해 노동의 참가치를 깨닫고 동시에 창출된 이익을 자산화하는 요령을 터득하게 하는 것이 〈더 빅이슈〉의 잡지발행의 참의미라면 홈리스 월드컵은 이들이 좌절하지 않고 어떤 목표를 향해 준비하고 실천하는 또 다른 의미의 정신적 육체적 에너르기를 제공하는 윤활유 같은 것이다.

특히 축구는 여러 가지로 우리에게 유익한 점을 선사해준다. 돈이 많건 적건, 피부가 희건 검건, 나이가 많건 적건 상관하지 않는다. 단지 둥근 공만 하나 있으면 모두가 한마음이 되어 땀을 흘리게 만들고 그 땀을 통해 함께 더불어하는 것이 얼마나 소중한지를 깨닫게 해준다.

실제로 홈리스 월드컵은 노숙자들의 자활에 많은 도움을 주었다고 한다. 홈리스 월드컵 대회에 참가했던 선수 중 90%가 대회 이후에는 직업을 갖는 등 적극적인 재활의지를 보여주었다고 한다. 2007년 덴마크 대회 이후 실시한 조사에 따르면 참가선수의 38%가 주택문제 개선, 32%가 재교육에 참가, 29%가 직업을 구했다고 한다.

그런데 홈리스 월드컵과 관련하여 주목되는 또 한 가지는 이제 소위 제도권에서 관심을 나타내기 시작했고 명망가들의 후원이 이루어지고 있다는 점이다. 유럽축구연맹이 후원사로 나서는가 하면 맨체스터유나이티드와 레알 마드리드 같은 유명 클럽팀, 알렉스 퍼거슨, 에릭 칸토나, 루이스 피구 같은 세계적인 스타플레이어와 감독들이 지원하였다고 한다.

이제 홈리스 월드컵은 단순이 노숙자들에게 관심이 있는 사람들만의 대회가 아니다. 우리 모두 온 세계가 진짜 월드컵처럼 관심을 갖고 지원하는 날이 올 것이다.

하지만 이 대회의 마지막 목표는 '홈리스 월드컵'이 열리지 않는 것이리라. 노숙자가 없으면 대회 역시 열리지 못하는 것은 당연지사. 우리는 이 대회가 열리는 것보다 노숙자가 없는 것을 더 바라기 때문에 당연히 홈리스 월드컵은 자연 소멸되기를 희망한다.

야쿠르트 아줌마의 힘

어느 동네에서나 '야쿠르트 아줌마'를 만날 수 있다. 이들은 엄밀히 말해 한국야쿠르트라는 사기업의 일선 판매사원이다. 이들의 정확한 법적 지위는 내가 알기로는 방문판매원이어서 한국야쿠르트 직원이 아닌 개인사업자에 해당하는데, 여기서 그건 그렇게 중요하지 않다. 어쨌든 이들은 한국야쿠르트라는 회사의 판매조직에서 고객과 직접 접촉하는 맨 마지막 단위를 맡고 있는 사람들이다. 좀 알은체 하면 MOT(스페인의 마케팅 이론가 리터드 노먼 교수가 말한 것으로 어떤 일에서 가장 중요하고 결정적인 순간, 즉 Moment Of Truth를 말한다)의 순간에서 가장 중요한 고객만족을 담당하는 사람들이다. 그런데 이들은 아줌마들이다. 이 일선 조직에 아저씨는 없는지, 없다면 그 이유는 무엇인지 나는 모른다. 그리고 내가 여기서 논하려는 주제도 아니기에 관심을 두지 않으련다.

내가 여기서 말하고 싶은 것은 이 야쿠르트 아줌마들의 힘이 막강하다는 사실이다. 그리고 그 막강한 힘을 엉뚱한 데 쓰는 것이 아니라 정말 사회 구석구석의 음지를 따뜻하게 데우는 데 보태고 있다는 사실이다.

우리는 텔레비전이나 신문 같은 미디어를 통해 심심찮게 야쿠르트 아줌마들의 선행 소식을 접한다. 어느 사회나, 또 어느 회사나 아름다운 일을 드러내지 않고 묵묵히 실천하는 사람들은 많다. 회사원이 아니더라도 주부든 어른이든 아저씨든 아이든 우리 사회를 따뜻하게 해주는 수많은 숨은 봉사자들이 우리 사회를 그나마 훈훈하게 데워주고 있음은 새삼 말할 필요가 없으리라.

그럼에도 굳이 콕 찍어 '야쿠르트 아줌마'를 얘기하려는 것은 앞으로 우리 사회에 보다 더 따뜻해질 수 있도록 하는 데 참고할만한 모델이 아닐까 싶어서다.

어쩔 수 없이 한 사기업의 홍보(?) 아니냐는 비난(?)을 무릅쓰고라도 여기서 이들 아줌마들의 역사를 살펴보면, 지금으로부터 40년 전으로 거슬러 올라간다. 1971년 8월에 처음 등장했다고 한다. 한국야쿠르트는 가정주부의 유휴노동력

매달 급여의 1%를 기부하는 한국야구르트의 성공한 아줌마의 힘.

을 잘 활용하면 국가 산업 발전의 원동력이 될 수 있겠다는 생각에서 당시로선 파격적인 주부판매 방식을 도입했다고 한다.

초창기 47명에 불과했던 야쿠르트 아줌마는 1975년에 1천 명, 1983년에 5천 명, 1998년에 1만 명을 넘어섰고, 지금은 무려 1만3천 명에 달한다고 한다. 그 어떤 조직보다도 막강 파워를 일궈낸 것이다.

그런데 이 막강파워가 되기까지 단순히 주부판매원 만으로의 역할에 머물렀다면 가능했을까. 바로 내가 주목하는 것이 이 부분이다.

이들은 한손으로는 야쿠르트를 배달하거나 판매하지만 다른 한손으로는 항상 소외된 이웃들을 보살피는 일을 하고 있다. 다시 말해 고객밀착형 정책이다.

이들 아줌마들은 가족 같은 분위기를 중시하는 회사의 경영방침에 따라 선배를 멘토로 지정하여 자유롭게 교류하며 다양한 것들을 배우고 임직원 모두 '사랑의 손길 펴기회'에 가입해 매달 급여의 1%를 기부하는 한편 특히 독거노인 돌보는 일에 적극 나서고 있다. 외로운 노인 방문운동과 사랑의 김장 나누기 운동은 이들 아줌마들의 트레이드 마크가 되었을 정도다.

물론 이들이 여느 사람들보다 도움이 필요한 사람들에게 접근하기 쉽다는 장점이 있다. 그렇다고 해서 그들의 선행의 가치가 줄어드는 것은 아니다. 사실 이들은 소외된 이웃 들여다보는 것에 앞서 해야 할 본연의 일이 있다. 그런데 이들의 일이란 게 여느 일도 마찬가지지만 한가하게 이곳저곳 살피면서 세월아 네월아 할 수 있는 게 아니라 늘 종종걸음을 쳐야하는 게 현실이다. 동네에서 마주친 야쿠르트 아줌마치고 바쁘지 않은 사람이 없는 것 같다.

그럼에도 이들이 이런 일, 엄밀히 말하면 국가나 지방자치단체가 나서서 해야 할 일을 담당하고 있다는 것은 우리 사회의 복지 정책을 어떻게 구현해야 제대로 작동할 수 있는지를 보여준다.

또한 이들의 선행이 거창하거나 남들 보라고 요란을 떨지를 않는다. 좀 무심하게 표현하면 지나가다 혹시나 해서 한번 들여다보는 것. 그러나 혹시나 해서 들여다보는 것의 가치는 말로 표현하기 힘들 것 같다. 때론 야쿠르트 한 병 건네면서 손 한번 잡아드리면 주름살 깊게 패인 어른은 한없이 서럽게만 느껴지던 세상에 사르르 봄날이 온 것 같은 따스함을 느낀다.

몇 년 전 야쿠르트 아줌마 글모음에서 대상을 받았던 글이 야쿠르트 아줌마들의 봉사정신을 고스란히 대변하는 것 같아 한 대목 인용해본다.

“7월의 땡볕에 목 좀 축이시라고 얼음 속의 야쿠르트 한 병을 대접할라치면 손사래를 치시며 극구 사양하는 바람에 길거리에서 한참 실랑이를 하다가 언제 꺼내셨는지 복숭아 하나, 포도 한 송이, 고등어 한 마리를 ‘시장 볼 여가 있겠냐?’며 제 하이카 위에 걸쳐주셨지요. 그리고는 ‘니가 날마다 보고 싶어 그런다. 우리집 대주 며느리 먹이게 제일 비싼 걸로 두 개씩 넣어 봐라’ 하셨죠.… ‘어여 가라, 비 맞으면 고뿔 온다.’ 하시며 홀연히 그 길을 떠나시던 그 분을 저는 그

한손으로는 야구르트를 판매하지만 다른 한손으로는 항상 소외된 이웃을 보살피는 일을 하고 있는 야구르트 아줌마들.

후로 뵐 수 없었습니다. 휴일을 보내고 출근하였지만 현관 앞에 담배연기는 피어오르지 않았습니다. 그 자리도 빈자리인 채 저를 맞았습니다. 불안한 마음을 애써 도리질하며 현관 벨을 눌렀으나 묵묵부답입니다. 2~3일일이 지나도 뵐 수 없어 위층에 사시는 언니한테 여쭀더니, '그 양반 지난 토요일 밤에 돌아가셨다는데 아줌마 몰랐어?'…"

인문학에서 희망 찾는 노숙자들

요즘 우리 지성계에선 인문학은 죽었다고들 입을 모은다. 인문학이 죽었다는 표현은 인문학이, 이를 테면 도무지 밥 먹여주지 못하기에 인문학을 하려는 사람이 없어서 그 명맥을 유지할 수 없다는 의미일 터, 대가 끊겼으니 지금 인문학을 하는 세대들이 퇴장하고 나면 후사가 없어 절문하듯 학계에서 사라질 것이라는 우려에서 나온 탄식이다.

그렇다면 인문학은 무엇인가. 위키백과를 보니, 인문학(人文學)은 "인간의 조건에 관해 탐구하는 학문"으로 "자연과학과 사회과학이 경험적인 접근을 주로 사용하는 것과는 달리, 분석적이고 비판적이며 사변적인 방법을 폭넓게 사용한다"고 정의한다. 철학과 문학, 역사학, 고고학, 언어학, 종교학, 여성학, 미학, 예술, 음악, 신학 등이 인문학 범주에 드는 학문들인데, 흔한 말로 인문학의 대표선수는 문사철, 즉 문학, 역사, 철학이다.

그런데 이런 인문학이 사회에서 소외된 사람들에게 새로운 희망을 키워주는 아주 좋은 수단으로 각광받고 있어 주목된다.

십수 년 전 서민들에게 특히 가혹했던 아이엠에프 체제에서 오갈 데 없어 거리에서 숙식을 해결하는 '노숙자'들이 넘쳐났다. 이들 노숙자들은 버거운 자신의 현실에 절망하며 하루하루 모진 목숨을 부지할 뿐 아무런 희망을 찾지 못했다. 아무리 현실적으로 어렵다고 하더라도 정신적으로나마 강하게 버텨낼 수 있다면 노숙만큼은 하지 않았을 텐데 하는 안타까운 마음들이었다.

그런데 이들 절망의 감옥에서 헤어나지 못하던 사람들에게 희망과 용기를 불어넣어준 것은 돈을 벌게 해주는 경제학이나 경영학과 같은 실용학문이 아니라 죽어간다던 인문학이었다.

어떤 이유에서 그렇게 되었더라도 노숙자는 자신이 그런 상황으로 내몰린 것에 대한 절망감으로 가득 차 있을 것이다. 더더욱 예상치 못했던 추락으로 인한 당혹스러움이나 상실감 또한 이들이 일어설 힘조차 빼앗아버렸다.

IMF체제 당시 오갈 때 없어 거리에서 숙식을 해결하는 노숙자.

이들에게 필요한 것은 물론 경제적 숨통이 트이는 것이 중요하겠지만 존재와 삶의 이유에 대한 자각도 중요하다. 만약 노숙자가 존재 이유를 발견한다면 그 다음에 그가 행해야 할 일이 무엇인지 말하지 않아도 그 스스로 문제를 해결한다. 절망에 빠진 사람 대대수가 이런 존재감과 자신감 결여에서 오는 자포자기 때문에 그 수렁에서 헤어나지 못하고 있는 것이다.

이럴 때 바로 인문학이 이들에게 인간이란 무엇인지, 또 자신은 누구인지, 왜 사는지, 어떻게 살아야 하는지, 고통이 무엇인지 등에 대해 성찰하도록 인내하는 역할을 할 수 있다. 이른바 인문학을 통한 자기 정체성 찾기와 자신감 회복이다.

노숙자들의 자활을 돕기 위해서는 숙식이나 직업훈련과 같은 것도 중요하다.

하지만 이런 것들은 자칫 심신이 허약해진 탓으로 적응하지 못하고 실패하는 경우가 많은데 이런 실패를 줄이기 위해서는 정신적 무장이 아울러 요구된다. 이 정신적 무장을 위해 인문학이 치유의 수단이 되는 것이다.

이런 방식을 '클레멘트 코스'라고 부른다. 미국의 작가이자 교육실천가인 얼 쇼리스(Earl Shorris)가 1995년에 노숙인과 마약중독자들 수용시설을 대상으로 클레멘트 기념관에서 무료로 인문학 교육을 하였던 데서 유래했다. 첫 1년 코스를 밟은 31명 중 17명이 수료하였고, 이들 중 2명은 훗날 치과의사, 1명은 간호사가 되었고, 전과자였던 한 여성은 약물중독센터 상담역이 되었다고 한다. 대성공이었다.

얼리 쇼리는 『희망의 인문학』이란 책도 내서 타자와 소통하는데 가장 중요한 요소는 자신에 대한 성찰과 자존감 확보라며 인문학이 그것을 가능하게 해줄 것이라고 말한다.

이 제도가 우리나라에 처음 들어온 것은 2005년으로 거슬러 올라간다. 노숙자다시서기지원센터와 성공회대학교가 손을 잡고 '성 프란시스대학 인문학 강좌'를 열었던 것. 애초 시작한 21명이 1년에 걸쳐 33주 67회 강의를 잘 소화해낼까 의구심이 들었지만 중도탈락자 4명을 제외하곤 모두 수료했고, 수료자 모두 노숙생활을 청산하고 사회로 복귀하는 성과를 올렸다고 한다.

이제 우리나라에서는 '시민인문학'이란 이름으로 강단을 넘어 가난한 이웃들과 소통하며 고통을 어루만진다. 역시 인문학이 죽었다는 것은 엄살이라는 생각이 든다. 그래서 이럴 때 눈치 빠르게 인문학 공부를 하여 학자가 된다면 남들이 안하기에 경쟁자가 적어서 나중에 좋은 자리 쉽게 딸 수 있지 않을까하는 얄팍한 비인문학적 생각을 해본다. 어쨌든 인문학의 힘은 위대하다. 이 과정을 마친 어느 수강생의 소감이 눈길을 끈다.

"거리에서 찌든 생활을 청산하기란 제일로 어려운 것입니다. 몸과 마음이 모두 망가져서 제대로 생각하고 몸도 움직일 수조차 없는 것이 거리 생활의 결과라고 생각합니다.

이와 같은 처지로 다시 떨어지지 않기 위해서 나 자신의 생각과 마음상태를 정비하는 기간이 반드시 필요합니다. 인문학 과정이 바로 이런 정비의 시간이라고 생각됩니다. 이 과정을 마쳤다는 것으로 난 이 세상과 가까이 갈 수 있다는 희망을 찾았다고 생각됩니다."

세금 더 내겠다는 미국 부자들

솔직히 말해 세금 더 내고 싶은 사람은 없을 것 같다. 부자든 가난한 자든 세금만큼은 안 낼 수 없다면 적게 내는 게 미덕으로 여겨지는 것이 현실이다. 비록 그냥 남들에게 베풀지언정 '세금'이란 명목이 붙으면 부담스러워 한다.

그런데 얼마 전 신문에 눈에 띄는 기사가 하나 실렸는데, 그 내용이 우리의 상식을 배반했다.

미국의 '튼튼한 국가회계를 위한 애국 백만장자'(Patriotic Millionaires For Fiscal Strength) 모임이 2010년 11월 자체 웹사이트(www.fiscalstrength.com)에 올린 글에서 "연간 100만 달러 이상 소득자에 대해서는 감세연장을 하지 말고 과세해야 한다"고 버락 오바마 대통령에게 촉구했다는 것이다.

호주 골드코스트의 저택들.

특히 이들은 "미국이 어려운 시기에 우리는 우리 나름대로의 역할을 하고자 한다"면서 "우리에게 감세는 필요 없으며, 우리의 세금을 깎아주는 것은 재정 적자뿐 아니라 다른 납세자들이 떠안아야 할 부채부담을 늘리게 될 뿐"이라고 지적했다고 한다.

이들은 또 "우리는 국가보다 정치를 앞세우는 사람들에 대해 결연한 입장을 취해줄 것을 오바마 대통령에게 요구한다"면서 "우리나라의 회계 건전성과 동료 시민의 복지를 위해 우리는 100만 달러 소득자에 대한 감세혜택을 예정대로 금년 말 종료할 것을 호소한다"고 했단다.

글쎄, 우리네 현실에선 가능할 것 같지 않은 일이다. 미국의 부자들은 종종 우리들의 상식을 뛰어넘는 노블레스 오블리제를 실천하여 세계인들을 신선한 충격에 빠뜨리곤 하는데, 이 일 역시 하나의 의미 있는 사건으로 기억될 것 같다.

이 일을 두고 일각에선 궁지에 몰린 오바마 대통령에게 힘을 실어주기 위한 민주당을 지지하는 인사들의 제스추어라며 의미를 깎아내리려는 사람들도 있다고 한다. 서명자 가운데 게일 퍼먼은 아동정신과 전문의로 민주당에 대규모의 정치헌금을 해온 인물이며, '벤 앤드 제리 아이스크림'의 공동창립자인 벤 코언이 민주당의 열혈 지지자라는 점에서 이 같은 의구심이 든다는 것이다. 물론 정치적 목적을 띠었다면 그건 그것 나름대로 비판을 받아야겠지만 부자감세 정책에 대한 재검토를 요구하며 부자들의 역할과 사명을 위한 것이라면 그 나름의 긍정적 효과도 있다고 본다.

부자감세 문제는 다른 꼭지에서 쓴 바 있지만 과연 어떤 것이 바람직한 것인가는 면밀한 검토가 필요하다. 다만 중요한 것은 부자들이 부자들만의 리그를 만들어 서민들을 배제시키는 그런 것이 아니라 부자든 서민이든 모두 함께 더불어 살 수 있는 공동체 정신을 구현하는 것이라면 정치 성향 따위는 크게 문제가 되지 않는다고 본다. 글쎄 우리네 행동에서 딱히 정치성을 띠지 않은 것이 과연 얼마나 될까. 고대 그리스의 철학자이자 플라톤의 제자인 아리스토텔레스가 인간은 정치적 동물이라고 하지 않았던가.

오바마 대통령의 현인으로 알려진 세계 3번째 부자(〈포브스〉지가 선정)인 워렌 버핏 역시 부자 감세에 적극 반대하고 있음은 잘 알려진 사실이다. 그는 "나 같은 부자에게 세금을 많이 매겨야 한다"며 "부시 정부 때 통과된 부자들에 대한 한시적 감세정책 때문에 내 사무실의 전화 받는 직원과 청소부들의 과세율이 나보다 높다"고 했다.

부자 감세로 인한 트리클 다운 효과가 있느냐 하는 문제는 논외로 치더라도 부자들에게 세금을 깎아주면 부자들이 소비를 늘릴까 하는 의구심에 대한 의미 있는 통계가 있어 눈길을 끈다.

결론부터 말하면 세금을 감면받은 부자들은 소비를 늘리는 대신 저축을 하는 것으로 나타났다는 것이다.

2010년 9월 블룸버그 통신에 따르면, 1993년 빌 클린턴 대통령이 상위 5%의 부자들에게 최고 소득세율을 31%에서 39.6%로 상향하는 세금인상법안에 서명한 후 부자들의 저축률은 1993년 2분기에 12.1%이던 것이 이듬해 1분기에 9.5%로 하락했다고 한다.

그런데 부시 대통령은 2001년 이와 반대로 부자들에 대한 최고세율을 35%로 내리는 세금감면 조치를 내리자 부자들의 저축률은 2001년 2분기에 2%이던 것이 이듬해 1분기에 2.8%까지 올라갔고, 2003년에 두 번째 세금 감면 조치를 내리자 저축률은 2004년 1분기에 7.6%까지 치솟았다고 한다.

아마도 『부자 아빠 가난한 아빠』의 지은이인 로버트 기요사키가 말한 부자와 가난한 사람의 차이, 즉 부자는 돈이 생기면 투자를 하고, 가난한 사람은 소비를 한다는 말이 설득력 있게 와 닿는다.

세금을 더 내겠다는 미국 부자들의 반란(?)을 '객기' 또는 '잘난 체'로 보일지 모르겠다. 어차피 이들에게 감면되는 세금만큼의 돈은 있어도 그만 없어도 그만일 테고, 또 이들이 세금을 많이 아꼈으니 그동안 소비하지 못하고 미뤄뒀던 것 소비하자 할 리 없다. 이들은 이와 상관없이 필요한 대로 소비하며 일상을 영위한다. 돈이 없어 사고 싶은 것을 사지 못할 사람들은 아니기에.

그렇다면 이들의 왜 세금을 깎지 말아달라고 했을까, 그 진정성은 무엇일까 곰곰 생각해보게 된다.

그건 공동체 사회의 진정한 분배의 정신이 무엇인지를 알리고 그런 참다운 사회를 구현해보고 싶은 소망을 만천하에 공개적으로 드러내어 진정 함께 어우러지는 사회를 만들고 싶은 소망 때문은 아닐까.

노후대비 못한 채 은퇴하는 베이비붐 세대

요즘 언론에서 자주 등장하는 키워드 중 하나가 '베이비붐 세대'이다. 이 낱말은 우선은 부동산 시장을 전망하는 기사에서 자주 등장하곤 하는데, 그동안 집값의 상당부분을 떠받쳐주었던 베이비붐 세대가 더 이상 그럴 힘이 없기 때문에 집값이 오히려 떨어진 것이라는 어두운 전망의 근거로 작용한다.

이 전망이 맞는지 안 맞는지는 전혀 책임질 수 없으므로 부동산 투자의 근거로 삼지 말 것을 강력히 촉구하며, 여기서는 다만 베이비붐 세대가 노후 준비를 할 겨를 없이 은퇴하고 있다는 얘기를 하고 싶어서 우리에게 친숙한 소재로 사용하였음을 미리 밝힌다.

베이비붐(Baby boom) 세대는 아이들을 많이 낳던 때, 즉 출생률이 급격히 증가하던 때에 태어난 세대라는 말인데, 흔히 전후에 태어난 사람을 말한다.

전쟁으로 인해 많은 인구가 죽게 되므로 전쟁이 끝나면 줄어든 인구를 벌충 내지는 더 늘리기 위해 자녀를 많이 낳는다고 한다. 인구가 중요한 자원이자 무기라는 인식이 팽배해지기 때문이 아닌가 싶다.

미국에서는 세계 제2차 대전 후인 1945년에서 1960년 사이에 출생률이 급격히 증가하였는데, 이때 태어난 세대를 베이비붐 세대라 한다.

이들은 미국 내 최대 인구 집단으로 풍요로움 속에서 자라며 미국사회의 소비문화를 이끌어온 세대로 평가받는다. 미국에서는 1946년부터 1964년까지 약 7천200만 명이 태어났다고 한다. 일본에서는 출생률이 높아진 1947년부터 1949년까지 태어난 806만 명을 베이비붐 세대라 일컫는데, 이들을 단카이(團塊, 덩어리) 세대라 부른다.

한편 우리나라에서는 한국전쟁이 끝난 1955년 이후 태어난 세대를 흔히 베이비붐 세대의 범주에 넣는다. 1955년부터 1964년 사이에 약 900만 명이 태어났다고 한다.

한국의 베이비붐 세대는 특히 질곡의 한국현대사와 그 궤를 같이 하며 성장해왔다. 어린 시절에는 산업화, 민주화 등

격동의 현대사 한 가운데서 자신과 국가의 발전을 위해 온몸을 던지며 살아왔다. 그런 그들이 이젠 현장에서 은퇴를 시작하고 있다. 시작했다는 표현이 여기서는 직장에서 정년퇴직하기 시작하였다는 의미일 뿐 실제 수많은 사람들이 이미 은퇴하여 제2의 인생의 한 가운데에 있는 현실을 말하는 것은 아니다.

그런데 이들은 자신보다 가정이든 사회든 국가를 우선하여 생각하며 앞만 보고 달려왔건만 이제 남은 여생은 누구에게도 보살핌을 받을 수 없는 것이 현실이 되었다.

국민연금관리공단의 자료를 보면 이들의 앞으로의 삶이 무척 팍팍할 것 같다는 생각을 지울 수 없다. 베이비붐 세대 2명 중 1명은 국민연금 혜택을 받을 수 없다고 한다.

베이비붐 세대 가운데 국민연금 가입자는 352만 명 정도로 전체 대상자의 48%에 불과하다는 것이다. 공무원이나 사학, 군인연금 등에 가입했을 것으로 추정하는 4~5%를 제외하더라도 절반 가까이는 국민연금도 없는 노후를 맞아야 한다는 것을 의미한다.

그렇다고 이들 세대가 특별히 재산을 많이 모았느냐 하면 그렇지 않다. 통계청의 밝힌 '가구주 연령계층별 자산현황'을 살펴보면 2006년 현재 베이비붐 세대의 순자산은 가구당 3억 원 남짓이다. 이중 2억2천여만 원이 부동산으로 고작 집 한 채가 전재산이라는 의미다.

그런데 은퇴 후 필요한 생활자금 규모는 그들이 갖고 있는 재산의 거의 두 배 가까이 많다. 통계청에 따르면 1955년생의 남은 기대수명은 24.6세, 즉 대략 여든 살까지 살 것으로 예상되는데, 이 기간 동안 따로 벌이가 없다면 생활이 어떠할지는 불보듯 뻔하다. 취약계층이다.

더욱이 삼성경제연구소가 분석한 자료를 보면 1955년생들이 본격적으로 정년퇴직을 시작하는 2010년부터 중고령자의 일자리가 매우 부족할 것으로 전망했다. 그러다보니 15~64세 인구가 노인을 부양하는 노인부양비율도 2008년에 14.3%이던 것이 2018년에는 19.7%, 2027년에는 32.6%, 2036년에는 무려 48.9%까지 치솟을 것으로 보인다.

2010년 11월 말, 피델리티자산운용이 서울대 생활과학연구소 노년은퇴설계지원센터와 공동으로 '2010 피델리티은퇴준비지수를 발표했는데, 베이비붐 세대들의 은퇴준비가 미흡한 것으로 조사됐다고 한다.

이 조사에 따르면 은퇴자금 충분도는 65% 수준. 서울과 7대 광역시 3천500명을 대상으로 목표은퇴자금을 조사해보니 8억4212만 원에 달했지만 은퇴 시까지 모을 수 있는 자산은 5억4482만 원으로 3억 2522만 원이 부족했다고 한다.

특히 은퇴 후에 필요할 것으로 희망하는 생활비가 은퇴 직전의 소득에서 차지하는 비율인 목표소득대체율 역시 62%로 높게 나타나 은퇴 준비가 미흡을 거듭 확인시켜 주었다.

사실 자녀의 교육비나 결혼비용, 또 부모의 생계비도 책임져야 하는 베이비붐 세대는 평생 허리 한번 제대로 펴지 못하고 앞만 보고 뛰다가 어느덧 은퇴를 맞이했다.

신경을 썼다고 해도 크게 달라질 것 같지 않은 빠듯한 살림살이이긴 했지만 그렇다고 손 놓고만 있지도 않았을 거란 생각을 해보면 베이비붐 세대의 노후 준비에 대한 경각심 제고는 늦었다. 다만 이를 반면교사로 삼아 이후 세대는 보다 철저하게 노후설계를 하겠지만 말이다.

베이비붐 세대 열에 넷은 그래도 노후준비를 했다고는 하지만 그 질적인 것을 따져 보면 그 심각성을 알게 한다. 이들이 말하는 준비라는 게 앞에서 설명한 바 있는 '국민연금'이 고작이다.

자신의 못 배운 한을 자식에게서 푸느라, 또 근대에서 현대에서 넘어가는 끼인 세대라 부모 봉양의 책임을 지느라 정작 자신을 돌보지 못했던 베이비 붐 세대. 이제라도 국가나 사회, 또 자식 세대가 편안한 노후를 즐길 수 있도록 복지 차원에서 접근할 필요가 있다. 국가와 후손은 이들에게 진 빚을 갚는 심정으로 차근차근 이들을 위한 복지정책을 개발되어야 할 것이다.